IM ANFANG WAR DAS WORT

D1725863

VISUM EST SPIRITUI
SANCTO. ET NOBIS.
Act. 15. V. 28.

NON
PRÆVALEBUNT.
Matth. 16. V. 18.

Das Konzil von Nicäa (325). Deckengemälde von Josef Wannenmacher im Barocksaal der Stiftsbibliothek.

IM ANFANG WAR DAS WORT

Die Bibel im Kloster St. Gallen

Katalog zur Jahresausstellung in der Stiftsbibliothek St. Gallen
(2. Dezember 2012 bis 10. November 2013)

Verlag am Klosterhof St. Gallen 2012

Am Katalog beteiligte Autorinnen und Autoren:

Karl Schmuki (K. S.)
Franziska Schnoor (F. S.)
Ernst Tremp (E.T.)
Maximiliane Berger (M. B.)

© 2012 Verlag am Klosterhof, St. Gallen
Gestaltung und Satz: Atelier Hans-Peter Kaeser, St. Gallen
Druck und Ausrüstung: Ostschweiz Druck Kronbühl
Bestelladresse: Stiftsbibliothek St. Gallen, Postfach, CH-9004 St. Gallen
stibi@stibi.ch; www.stiftsbibliothek.ch
ISBN 978-3-905906-06-6

Inhalt

Einführung

In principio erat verbum – «Im Anfang war das Wort». So beginnt das Johannes-Evangelium, und so ist auch die Jahresausstellung der Stiftsbibliothek St. Gallen über die Bibel betitelt. Das Wort Gottes, das in der Heiligen Schrift niedergeschrieben ist, ist Ursprung und Quelle des christlichen Glaubens. In ganz besonderer Weise hat das Mönchtum nach diesem Grundsatz gelebt und die Bibel in den Mittelpunkt des Klosterlebens gestellt. Schon am Anfang des monastischen Lebens an der Steinach, woraus später das Kloster St. Gallen hervorgegangen ist, soll ein Bibelvers gestanden haben. Gemäss der Lebensgeschichte des heiligen Gallus fiel der Heilige auf der Suche nach einem geeigneten Platz für seine Eremitenzelle in ein Dornengestrüpp. Als sein Begleiter Hiltibod ihm aufhelfen wollte, sagte er zu diesem: «Lass mich! Das ist meine Ruhestätte ewiglich, da will ich wohnen, denn ich habe sie erkoren». Mit dem aus Psalm 131 (132), 14 inspirierten Wort bekannte Gallus, dass er den Fall in die Dornen als Hinweis göttlicher Vorsehung verstanden habe und den wilden Ort dem Allmächtigen als künftige Wohnstatt weihen wolle. So schuf er dann mit dem Aufrichten eines Kreuzes aus Haselruten, an das er das mitgebrachte Reliquientäschchen hängte, in der Wildnis den ersten sakralen Raum (Walahfrid Strabo, *Vita sancti Galli* I, 11).

Auch aus der zwölfhundertjährigen Geschichte des Gallusklosters (719–1805) gibt es unzählige Beispiele dafür, dass dessen Mönche wie ihr Gründerheiliger mit der Bibel lebten und mit dem biblischen Wortlaut so vertraut waren, dass sie in vielen Situationen biblisch dachten und formulierten. Im gemeinsamen Stundengebet rezitierten sie Woche für Woche den lateinischen Psalter, in den nächtlichen Lesungen, in der Epistel und im Evangelium der täglichen Eucharistiefeier wurde die Heilsbotschaft verkündet. «Wer sich als Mönch ernsthaft bemüht, die selbst gesungenen und von andern vorgetragenen Texte aus dem Alten und Neuen Testament auch im tieferen Sinn des Wortes zu verstehen und zu befolgen, dem wird die Bibel zum Leitstern seines Lebens» (Peter Ochsenbein).

Im Bildprogramm des barocken Bibliotheksaals aus dem 18. Jahrhundert findet die künstlerische Darstellung der Bibel als Fundament des christlichen Glaubens und der Theologie ihre Vollendung. Die vier grossen, von Josef Wannenmacher geschaffenen Deckengemälde vergegenwärtigen die vier ökumenischen Konzilien der alten Kirche, Nicäa (325), Konstantinopel (381), Ephesus (431) und Chalcedon (451), auf denen die ersten, grundlegenden Lehrentscheidungen der christlichen Gesamtkirche getroffen wurden. Inschriften mit Bibelstellen in den Kartuschen zwischen den Konzilienbildern weisen «auf die göttliche Protektion und Inspiration hin, die der Kirche und besonders den Konzilien zugesagt sind» (Josef Grünenfelder). Im Konzilsbild von Nicäa hat nicht der Kaiser oder der Papst den Vorsitz der Kirchenversammlung inne, sondern auf dem Thron in der Mitte liegt ein aufgeschlagenes Buch mit dem Anfang des Johannes-Evangeliums: *In principio erat verbum*. Das «Wort» bezieht sich auf Jesus als zweite göttliche Person. In der Auseinandersetzung

Das Konzil von Nicäa (325). Ausschnitt aus dem Deckengemälde von Josef Wannenmacher im Barocksaal der Stiftsbibliothek.

mit Arius verkündete die Kirchenversammlung die göttliche Natur Christi und seine Wesensgleichheit mit dem Vater und dem Geist. Kaiser Konstantin der Grosse und der Legat des Papstes sitzen zu beiden Seiten unterhalb des aufgeschlagenen Evangeliums (siehe Abbildung Frontispiz, hier ein Ausschnitt).

Unter den vielen anderen Bibelbezügen im ikonographischen Programm des Bibliothekssaals des Klosters St. Gallen sei jener in einer Kartusche über dem Eingang zum Handschriftenkabinett an der südlichen Schmalseite hervorgehoben. Ein Magister betreibt in einer Bibliothek mit seinen Schülern Bibelexegese. Drei Schriftstücke, die vor ihnen vom Tisch herunterhängen, enthalten hebräische, griechische und lateinische Texte; damit wird gezeigt, dass die drei Sprachen zum Lesen, Verstehen und Erklären der Heiligen Schrift Voraussetzung sind. Die Inschrift dazu lautet: *Scrutamini scripturas* («Erforschet die [biblischen] Schriften»; Io 5, 39). Mit diesem Bild bezogen sich die St. Galler Mönche auf das für jeden Konventualen unerlässliche Studium der biblischen Bücher des Alten und Neuen Testamentes. Sie spielten damit vielleicht auch auf die grosse Vergangenheit ihres Klosters an, aus der in ihrer Sammlung so zahlreiche und wichtige Zeugnisse der Beschäftigung mit der Bibel erhalten geblieben sind.

Seit dem Mittelalter standen die biblischen Schriften und die Kommentare der Kirchenväter im Mittelpunkt der klösterlichen Bildung und machten damit auch den Schwerpunkt der St. Galler Klosterbibliothek aus. In der Stiftsbibliothek liegt der glückliche Fall vor, dass ein Grossteil der frühmittelalterlichen Büchersammlung

aus dem Galluskloster erhalten geblieben ist. Von den 2100 Handschriften der Stiftsbibliothek sind gegen fünfhundert Pergamentcodices in der Zeit des 5. bis 12. Jahrhunderts geschrieben, davon über zweihundert im 9. Jahrhundert, und die meisten
im eigenen Skriptorium. Mehr als 280 der Handschriften vor 1200 enthalten Bibeltexte oder Bearbeitungen und Kommentare dazu. In anderen Bibliotheken weltweit
liegen ausserdem über siebzig Bibelhandschriften verstreut, die im frühmittelalterlichen St. Gallen entstanden sind. Diese Sammlung von Pergamentcodices mit dem
Wort Gottes ist in der europäischen Bibliotheksgeschichte einzigartig. Daran lässt
sich heute noch ablesen, wie sehr sich die St. Galler Mönche um den korrekten Text
und das Verständnis der Bibel bemüht haben. «An keinem anderen Ort der Welt
dürfte die Überlieferungsgeschichte der biblischen Texte so genau rekonstruierbar
sein wie in St. Gallen» (Peter Ochsenbein).

Berühmten und weniger bekannten Bibelhandschriften und einigen ausge-
wählten Bibeldrucken ist die Jahresausstellung 2012/2013 gewidmet. Sie zeigt in acht
Vitrinen im Bibliothekssaal und in vier weiteren Vitrinen im Lapidarium im Unter-
geschoss eine kleine Auswahl aus der Fülle von Bibelüberlieferungen in der Stiftsbibliothek, Handschriften vom 5. bis zum 18. Jahrhundert und Drucke aus der Zeit
vom 15. bis zum 19. Jahrhundert. Zuerst wird die Stiftsbibliothek als wichtiger Hort
der Bibelüberlieferung mit verschiedenen ältesten Textzeugen vorgestellt. Gezeigt
wird auch das Ringen um den rechten Text, die frühe Beschäftigung mit der Bibelphilologie im 8. und 9. Jahrhundert. Weiter werden die am häufigsten gelesenen
und beim Gottesdienst verwendeten Bibeltexte, illustrierte Prachtexemplare von
grossformatigen Psalterien und Evangelienbüchern aus dem «Goldenen Zeitalter»
St. Gallens im 9./10. Jahrhundert, vorgestellt. Eine Vitrine ist den Bibeln in anderen
Sprachen als dem Latein gewidmet, wozu neben Ausgaben in Griechisch auch Übersetzungen ins Althochdeutsche und Arabische gehören. Der karolingische Klosterplan wird nach «Orten der Bibel» befragt und liefert zur Topographie der Bibel im
frühmittelalterlichen Kloster neue Einsichten. Weitere Vitrinen enthalten Bibel-
bearbeitungen und -kommentare aus dem Hoch- und Spätmittelalter sowie eine
Vielfalt an Bibeldrucken; darunter befindet sich die prächtig illustrierte Koberger-
Bibel von 1483 (die das Bild von der Erschaffung des Menschen für das Plakat, den
Flyer und den Katalog zur Ausstellung geliefert hat) ebenso wie eine zwölfsprachige
Bibelausgabe von 1599, ein kommentiertes Psalterium aus der Klosterdruckerei
St. Gallen von 1644 und die umstrittene Kupfer-Bibel des Zürcher Naturforschers
Johann Jakob Scheuchzer von 1731/35.

Aufgrund des guten Anklangs, den das Rahmenprogramm zu den beiden voran-
gegangenen Jahresausstellungen gefunden hat, bietet die Stiftsbibliothek auch zur
Bibelausstellung ein über das ganze Jahr laufendes Begleitprogramm an. Sie kann
sich dabei in dankenswerter Weise auf die Unterstützung des Diözesanverbandes
St. Gallen des Schweizerischen Katholischen Bibelwerks und der Evangelisch-refor-
mierten Kirche des Kantons St. Gallen stützen. Es war der Bibliotheksleitung ein
Anliegen, das wahrlich ökumenische Thema «Bibel» nicht in konfessionelle Grenzen
einzuschliessen, und wir sind glücklich, dass diese Öffnung so gut gelungen ist. Das
abwechslungsreiche Programm sieht drei Vorträge von Bibelfachleuten, eine szeni-

sche Aufführung des Markus-Evangeliums, einen Besuch des Bibelgartens Gossau und eine Kinderbibelausstellung ebenfalls in Gossau vor. Für Sportliche gibt es den Bibel-Veloweg «Unterwegs zu biblischen Geschichten» durch den Kanton St. Gallen, der individuell oder in Gruppen befahren werden kann. Während der ganzen Dauer der Bibelausstellung schliesslich wird im Lapidarium die Bibel als Hörbuch zu hören sein. Die Einzelheiten zum Rahmenprogramm können dem Ausstellungsflyer und der Internetseite der Stiftsbibliothek (www.stiftsbibliothek.ch) entnommen werden.

Als Begleitpublikation zur Ausstellung erscheint wie gewohnt ein umfangreicher Katalog mit vertiefenden Informationen, Abbildungen und Literaturhinweisen, der über die Zeit der Ausstellung hinaus gültig bleibt. Dass es gelungen ist, den Katalog wieder rechtzeitig zur Ausstellungseröffnung am ersten Adventssonntag fertig zu stellen, erfüllt uns mit Befriedigung; allen Beteiligten sei für ihren ausserordentlichen Einsatz gedankt!

An der Ausstellungseröffnung darf zugleich eine weitere Buchpremiere begangen werden, die vorzüglich zur Bibelausstellung passt, die Ausgabe der Vetus-Latina-Fragmente aus dem Kloster St. Gallen. Eine im 5. Jahrhundert in Italien entstandene Evangelienhandschrift in der vorhieronymianischen Vetus-Latina-Fassung befand sich seit dem 8. Jahrhundert in St. Gallen und wurde hier intensiv benützt. Später zerschnitt man die Handschrift und verwendete die Pergamentblätter zur Herstellung neuer Einbände. Die wiederentdeckten Fragmente wurden seit dem frühen 19. Jahrhundert aus den Einbänden herausgelöst und werden heute an verschiedenen Orten aufbewahrt, in der Stiftsbibliothek, im Stiftsarchiv, in der Vadianischen Sammlung der Kantonsbibliothek St. Gallen sowie im Bischöflichen Archiv in Chur. Seit mehreren Jahren befassten sich verschiedene Fachleute mit der Untersuchung und Neuedition dieser kostbaren Textzeugen der Bibel. Am interdisziplinären und Institutionen übergreifenden Unternehmen waren Rudolf Gamper, Philipp Lenz, Andreas Nievergelt, Peter Erhart und Eva Schulz-Flügel beteiligt. Zusammen mit der Autorin und den Autoren dürfen wir mit Befriedigung auf die gelungene Neuausgabe der St. Galler Vetus-Latina-Fragmente blicken; ihnen und den Institutionen, welche das Vorhaben mit Druckkostenbeiträgen unterstützt haben, ist der grosse Dank der Bibelforschung gewiss.

Das Wort kommt nach St. Gallen:
St. Gallen als wichtiger Hort der Bibelüberlieferung

Aus kaum einem anderen Kloster ist ein so hoher Prozentsatz an Büchern und Texten aus dem Frühmittelalter erhalten geblieben wie aus dem ehemaligen Kloster St. Gallen. Dieser Glücksfall der Überlieferung wirkt sich auch auf das Vorhandensein von grundlegenden Bibeltexten aus. In den Beständen der hiesigen Bibliothek finden sich älteste und wichtigste Pergamente mit Bibeltexten.

Ihnen allen ist gemeinsam, dass sie nicht im Kloster St. Gallen, sondern in Italien geschrieben wurden, auf irgendwelchen, in der Regel nicht bekannten Wegen meist im 8. oder 9. Jahrhundert ins Gallus-Kloster im Steinachtal gelangt sind und hier alle Wechselfälle des Schicksals verhältnismässig unbeschadet überstanden haben. Gemeinsam ist ihnen auch, dass sie alle vor der «Gründung» des Klosters St. Gallen, teilweise bis zu drei Jahrhunderte früher, geschrieben wurden und heute nurmehr als Fragmentblätter oder als untere Schriften in palimpsestierten Codices erhalten sind.

Die Stiftsbibliothek St. Gallen besitzt eine ganze Reihe von Bibeltexten, die entweder für die Vetus-Latina- oder für die Vulgata-Überlieferung verschiedener biblischer Bücher sehr wichtig sind. Vier davon gelangen hier zur Ausstellung.

Für die vorhieronymianische Vetus-Latina-Fassung der Evangelien stellen 16 hier in einer Sammelhandschrift von Fragmenten (Cod. Sang. 1394) erhaltene Pergamentblätter einen wichtigen Textzeugen dar. Hierzu sind weitere Bruchstücke in Chur und in anderen St. Galler Bibliotheken und Archiven auf uns gekommen; eine neue Publikation «Die Vetus Latina-Fragmente aus dem Kloster St. Gallen» widmet sich diesen Fragmenten.

Alle Blätter des Cod. Sang. 912 der Stiftsbibliothek, um 700 im Kloster Bobbio südlich von Piacenza als lateinisch-lateinisches Glossar zusammengestellt, enthalten – mehr oder weniger gut lesbar – ältere palimpsestierte Texte. Den grössten Teil davon machen Bruchstücke eines in Oberitalien geschriebenen altlateinischen Psalters aus dem frühen 6. Jahrhundert aus.

Von zentraler Bedeutung in der Geschichte der Vulgata-Version der Evangelien sind die in Cod. Sang. 1395 erhaltenen 110 Bruchstücke aus dem frühen 5. Jahrhundert. Noch zu Lebzeiten von Hieronymus († 420), dem Schöpfer des neuen Bibeltexts, wurden diese Blätter in Norditalien geschrieben. Auch der Codex 193 überliefert, als untere Schrift, älteste Bibeltexte in der Vulgata-Fassung, Bruchstücke alttestamentlicher Prophetenbücher.

An dieser Stelle wären weitere zentrale Textzeugen der Bibelüberlieferung zu nennen, etwa die (schlecht lesbaren) Nehemia-Fragmente als palimpsestierte Blätter in einer Vetus-Latina-Fassung (in Cod. Sang. 722) oder die als untere Schrift in Cod. Sang. 194 überlieferte, textgeschichtlich wichtige Abschrift der Weisheitsbücher des Alten Testaments.

Vetus-Latina-Fragmente der Evangelien aus dem 5. Jahrhundert aus Italien

Im Fragmentenband Nr. 1394 sind 17 Blätter mit Evangelientexten von Matthäus und Markus in jener sprachlich wenig gewandten Fassung aus dem 3. oder 4. Jahrhundert erhalten, die heute von Fachleuten als «Vetus-Latina-Version» bezeichnet wird. Die wohl im frühen 5. Jahrhundert in Rom abgeschriebenen Texte geben also eine von vielen Fassungen des Bibeltextes wieder, die bis zur endgültigen Durchsetzung der Bibelübersetzungen des Hieronymus den Christen als Lektüre dienten. Vereinzelt hielten sich Vetus-Latina-Bibeltexte bis ins 9. Jahrhundert.

Das vollständige Evangelienbuch – zweispaltig angeordnet – wurde von einer geübten Hand in einer Unzialschrift des 5. Jahrhunderts geschrieben. Die Grösse der ursprünglichen Buchseiten betrug 29 × 24,5 cm. Die Handschrift befand sich noch zu Beginn des 8. Jahrhunderts in der Kirche Santa Maria in Aracoeli in Rom, aber spätestens gegen Ende jenes Jahrhunderts ist sie im Kloster St. Gallen nachweisbar. Hier wurde sie vereinzelt mit Glossen, darunter besonders vielen althochdeutschen Griffelglossen, versehen.

Da einerseits die römische Unzialschrift schwer lesbar war und andererseits der Text von den bibelphilologisch gut geschulten St. Galler Mönchen als überholt betrachtet wurde, wurde das Evangeliar auseinandergenommen. Ein grosser Teil der Blätter ging in den nächsten Jahrhunderten verloren.

Im Kontext der Bemühungen um eine Erneuerung der Klosterbibliothek um 1460 liess Ulrich Rösch (Abt 1463–1491) auch schadhafte Einbände zahlreicher Handschriften neu binden. Die in der Bibliothek verbliebenen Blätter und Blattfragmente der Evangelienhandschrift des 5. Jahrhunderts wurden dabei von einem Buchbinder zur Verstärkung von Buchrücken und Buchdeckeln und als Schmutz- oder Deckblätter in die restaurierten Einbände eingebunden. Erst zwischen 1780 und 1820 erkannten die Bibliothekare Johann Nepomuk Hauntinger (1756–1823) und Ildefons von Arx (1755–1833) den Wert dieser Blätter. Sie bargen sie aus den unterschiedlichsten Handschriften, etwa aus den Codices 14, 76, 243, 553 oder 905. Ildefons von Arx stellte die Fragmente aus dem Evangeliar des 5. Jahrhunderts 1822 mit vielen andersartigen Fragmenten in einem von ihm neu angelegten, mit Papierblättern durchschossenen Sammelband zusammen, den er seinem Freund Hauntinger widmete.

Weitere acht Bruchstücke aus derselben Vetus-Latina-Evangelienhandschrift des 5. Jahrhunderts werden heute im Stiftsarchiv St. Gallen, in der Vadianischen Sammlung in der Kantonsbibliothek St. Gallen sowie im Bischöflichen Archiv in Chur aufbewahrt. Alle diese noch erhaltenen Fragmente zusammen machen gemäss neuesten Berechnungen (2012) ungefähr elf Prozent des einstigen Umfangs von wahrscheinlich 218 Blättern aus.

St. Gallen, Stiftsbibliothek, Handschrift Nr. 1394, S. 51–92 (S. 81).
Pergament – 16 Blätter unterschiedlicher Grösse
(S. 81: 25,8–27,7 × 24,5 cm) – Italien (wahrscheinlich Rom) –
5. Jahrhundert – www.cesg.unifr.ch.

81.

RETIRCCTSINO
NNIBUS
ETSEDENTECOADMO
COOLUETICONTRA
TEMPLUMINTERRO
CABANTILLUMSECRE
TOPETRUSETIACOBUS
ETIOHANNESETAN
DREASDICENOBISQUA
DOHAECERUNTET
QUODSICNUMEUM
INCIPIENTOMNIA
HAECCONSUMMA
RI ETRESPONDENS
ANILLISUIDETENEQUIS
UOSSEDUCATMULTI
ENIMUENIENTIN
NOMINEMEODICE
TESQUIAECOSUMET
MULTOSSEDUCENT
CUMAUTEMAUDIE
RITISBELLAETOPINIO
NESPROELIORUMNO
LITETURBARIOPORTET

ENIMFIERISEDNO
DUMESTFINISEXSUR
ECTENIMCENSSU
PERGENTEMETREC
NUMSUPERRECNU
ETERINTTERREMO
TUSEIRCALOCAETFA
MESINITIUMDOLO
RUMOMNIAHAEC
DEINDEUOSIPSOS
TRADENTINCONCI
LIACTINSYNACOCIS
BAPULABITISETAD
PRAESIDESETADRE
CESSTABITISCAUSA
MEINTESTIMONI
UMILLISETINOMNI
BUSCENTIBUSINPRI
MISOPORTETPRAE
DICAREEUANCELIU
ETCUMADDUCENT
UOSTRADENTESNO
litesollicitiessenec
PRAEMELETARECWID

Marci C. 13.
V.5 - 11

Ein versteckter fragmentarischer altlateinischer Psalter aus dem frühen 6. Jahrhundert

Die kleinformatige St. Galler Handschrift Cod. Sang. 912 wirkt von aussen völlig unspektakulär. «Scheinbar armselig», schrieb Paul Lehmann (S. 28), sei ihr Aussehen, aber sie sei dennoch enorm reich «an mannigfachen wichtigen Buchtrümmern». Unter einem um 700 wahrscheinlich im Kloster Bobbio südlich von Piacenza geschriebenen lateinisch-lateinischen Wörterbuch (sogenanntes Abba-Ababus-Glossar) verbergen sich in Palimpsestform Bruchstücke von nicht weniger als sieben früheren Handschriften des 5. bis 7. Jahrhunderts.

Die meisten der nur schwer oder mit blossem Auge sogar kaum mehr lesbaren älteren Texte konnten erst in der ersten Hälfte des 20. Jahrhunderts erkannt und (mit einer Ausnahme) identifiziert werden. Für alle diese Texte lässt sich sagen, dass sie ebenfalls in Norditalien geschrieben wurden. Für die Bibelwissenschaftler sind neben dem Psalter, auf den unten ausführlicher eingegangen wird, Fragmente einer textgeschichtlich bedeutenden Vetus-Latina-Fassung des Buchs Jeremias aus dem 5. Jahrhundert von besonderem Interesse. In einer Capitalis-Rustica-Schrift geschrieben sind Bruchstücke einer Fassung (5. Jh.) der Komödie *Heauton Timoroumenos* («Der Selbstquäler») des römischen Dramatikers Publius Terentius Afer († 159/158 v. Chr.). Aus der Zeit um 500 datieren gynäkologische Rezepte, und im 7. Jahrhundert geschrieben wurden Fragmente der *Ars minor* des spätrömischen Grammatikers Donatus, ebenso auch zwei Blätter eines älteren lateinisch-lateinischen Glossars. Kaum lesbar und noch nicht identifiziert ist der untere, in einer Unzialschrift des 5. Jahrhunderts geschriebene Text auf den Seiten 319 und 320. «Textus argumenti incerti» («Text unbestimmten Inhalts»), schreibt der amerikanische Paläograph Elias Avery Lowe (1879–1969).

Den grössten Teil der für das Abba-Ababus-Wörterbuch verwendeten Blätter entnahmen die Bobbienser Mönche einem wohl kurz nach 500 in Verona geschriebenen Psalterium. Diese Psalmenhandschrift mit einem ursprünglichen (wesentlich grösseren) Format von 20,6 × 17 Zentimetern, geschrieben teilweise in Halbunzial- und teilweise in Unzialschrift, wurde offenbar nicht mehr benötigt und deshalb auseinandergenommen. Der altlateinische Psalmentext (also in einer vorhieronymianischen Fassung) ist aussergewöhnlich; er besitzt eine grosse Anzahl von Lesarten, die sich sonst nur im etwas jüngeren Psalterium Veronense (Verona, Biblioteca Capitolare, Cod. I) finden, Lesarten, «welche der älteren afrikanischen Tradition eigentümlich sind» (Dold/Allgeier, S. 207). In der Geschichte der altlateinischen Psalterüberlieferung trägt der Psalter in Codex 912 das Sigel β.

St. Gallen, Stiftsbibliothek, Handschrift Nr. 912 (S. 21–24, 27–30, 33–40, 49–68, 71–82, 85–188, 191–224, 227–256, 261–270, 279–282; S. 191).
Pergament – 320 Seiten – 12 × 9 cm – Oberitalien – frühes 6. Jahrhundert (untere Schrift) / Kloster Bobbio – um 700 (obere Schrift) – www.cesg.unifr.ch.

optimatus   optionab artiū auctorū princeps

opinor   existimo opter · pp

opinatores   existimatores

opilio   maior pastor pecorarius

opobalsamū   lacrima balsam

optio   electio potestas arbitrio

opacant   obumbrant

oppetit   obiit opes diuitie

opekosa   ingentia certamina

opessulatū   clauem obserratū

opprobriū   malum crimen

opima   ampla magna

opitulantia   suffragia

oppidū   mansio siue curia uicina

opiternat   auo paterno uiuo post patris mor

tenat

Fragmentblätter der ältesten Fassung der Vulgata-Version der Evangelien vom Beginn des 5. Jahrhunderts

Im Auftrag von Papst Damasus I. (366–384) schuf Hieronymus († 420) ab dem Jahr 383 einen neuen Bibeltext. Denn die Klagen über die Verschiedenheit der Texte der Heiligen Schrift waren immer lauter geworden. Anhand des hebräischen und griechischen Bibeltexts besorgte Hieronymus die Revision der vier Evangelien und der anderen Bücher des Alten und Neuen Testaments. Sein Übersetzungswerk wurde später zur verbreitetsten Bibelversion des Mittelalters, auch wenn sich noch bis ins 9. Jahrhundert ältere Fassungen der biblischen Bücher, so genannte Vetus-Latina-Texte, hielten. Die Bibelübersetzung des Hieronymus erhielt deshalb mit Beginn der wissenschaftlichen Bibelforschung im 16./17. Jahrhundert den Namen «Vulgata»; das Wort *vulgata* heisst «verbreitet». Während des gesamten Mittelalters und bis heute fand die Vulgata-Ausgabe der lateinischen Bibel Verwendung; auch der erste Bibeldruck von Johannes Gutenberg ist eine Vulgata-Fassung.

Als einen ihrer grössten Schätze besitzt die Stiftsbibliothek St. Gallen insgesamt 110 kleinere und grössere Blätter einer Abschrift der vier Evangelien (Mt, Mc, Lc, Io), die als die weltweit älteste Überlieferung der Vulgata-Fassung gilt. Die heute erhaltenen Blätter waren Teil eines Evangelienbuchs, das noch zu Lebzeiten des Hieronymus, im ersten oder zweiten Jahrzehnt des 5. Jahrhunderts, in Oberitalien, vielleicht in Verona, in einer regelmässigen spätantiken Halbunzialschrift mit bräunlich-olivfarbener Tinte geschrieben wurde.

Im 8. oder frühen 9. Jahrhundert gelangte das Buch aus Oberitalien nach St. Gallen. Dort benötigte man es offenbar bald nicht mehr, weil man spätere, für die Mönche besser lesbare Abschriften der Evangelien besass. Deshalb wurde das Buch auseinandergenommen; die Blätter wurden in Buchrücken und Buchdeckel anderer Handschriften eingebunden. Das abgebildete Blatt beispielsweise wurde aus dem Buchdeckel des Cod. Sang. 569, einer Handschrift vornehmlich hagiographischen Inhalts, geborgen.

Weitere Blätter aus dieser ehemaligen Handschrift sind heute in der Vadianischen Sammlung in der Kantonsbibliothek St. Gallen, in der Zentralbibliothek und im Staatsarchiv des Kantons Zürich sowie im Kloster St. Paul in Kärnten erhalten. Alle diese Blätter machen ungefähr die Hälfte des Umfangs der ehemaligen Evangeliars aus; sie tragen in der Geschichte der Evangelienüberlieferung das Sigel Σ.

Der Zustand dieser in St. Gallen um 1800 aus verschiedenen Einbänden herausgelösten Pergamentstücke ist von unterschiedlicher Qualität. Die Schrift ist teilweise verblasst, man begegnet Leimspuren. Das feine Pergament ist im Lauf der Jahrhunderte brüchig geworden. Es gibt aber auch Seiten, wie die hier abgebildete Textpassage aus dem Johannes-Evangelium (Io 16, 30 – 17, 8), die sich noch in einem ansehnlich guten Zustand befinden.

St. Gallen, Stiftsbibliothek, Handschrift Nr. 1395, S. 7–327 (S. 327).
Pergament – 110 Blätter – 23 × 18,4 cm (Blatt mit S. 327) –
Italien (wahrscheinlich Verona) – 400/420 – www.cesg.unifr.ch.

327

Inhoceredimusqui
ado exisa
clu
responderunrehmede
retebam
m etiam credituseccueni o
paccianihenicuair
pargominni nastepa
ir propriacaincioas
retinquancecmopsi
soluquyapareromneā
clu haecelocacussimuobis
cicumepacemhaber
eis inmundopressura
habenissedconsidei
egouiciniaumdi
haecelocicuacesprhi
cesublouacisoculis
incaelumdixire
pacerucinchoraela
rificafiliumcuumui
phafiuafclampecce
ficurdedistaecpacciā
omnifcarinsucomne
quoddedisiciudeeis
utamaceripiam
haccerauremuinae

cernauiccognoscan
ccsolumuerumdmi
quemmisisfaruhmxpm
egoecclorificauisupar
cerramopusconsū
mauiquoddedisomi
hucyaciamcanunc
clarificamcupater
apuccomecipsumcla
ricacequamhabuipru
usquammundusessec
apucce maniffercam
nomencuumhominub
quosdedismihidemū
dobrancerumihieos
dedisaecsermonem
cquamseruauerune
nunccognouerune
quiaomniaquaeddis
cimihabecrsuncquia
uerbaquaededismi
hidedisecipsiaccepe
punecrcognouerun
uereyuiaaexiuicrpe
didisuneyuiaacme

Älteste Texte der Bücher Ezechiel, Daniel und der kleinen Propheten in der Vulgata-Fassung

Einer breiteren Öffentlichkeit kaum bekannt ist eine kleinformatige, in einen originalen karolingischen Einband gehüllte Handschrift, deren äussere Gestalt Alban Dold (1882–1960), Benediktinermönch in Beuron, Liturgiewissenschaftler, Paläograph und unermüdlicher Palimpsest- und Fragmentenforscher, als «recht unansehnlich» beschrieben hat. Nichtsdestotrotz ist sie von grosser Bedeutung. Diese Handschrift enthält nämlich, in einer unteren Schrift «versteckt», die ältesten Texte der alttestamentlichen Bücher Ezechiel und Daniel sowie der kleinen Propheten Hosea, Joël, Amos, Jona, Micha, Habakuk, Sophonias, Aggäus, Sacharja und Maleachi. Überliefert ist zwar bei weitem nicht der vollständige Text; diejenigen Blätter jedoch, die sich erhalten haben, überliefern die ältesten Texte in der Vulgata-Fassung. Der grossen Bedeutung angemessen, wurde genau vor hundert Jahren von Beuroner Mönchen unter der Leitung von P. Anselm Manser (1876–1951) ein grossformatiges Faksimile dieser Handschrift im Druck veröffentlicht, das Fluoreszenz-Palimpsest-Fotografien der reskribierten Seiten enthält, deren Qualität für die damalige Zeit erstaunlich hoch ist.

Die Propheten-Texte in dieser frühesten Vulgata-Version dürften gegen Ende des 5. Jahrhunderts mit bräunlicher Tinte in einer Halbunzialschrift in Norditalien geschrieben worden sein. Der Text gelangte später in den rätischen Raum, wahrscheinlich in die Bischofsstadt Chur. Wohl aus Mangel an Pergament wurde um 800 dort die antiquiert erscheinende Handschrift auseinandergenommen und zerschnitten; viele Blätter wurden mit neuen Texten überschrieben. Vorher kratzte man die ältere Schrift mit einem Messer ab, bearbeitete sie mit Bimsstein oder wusch sie mit Milch ab. Dies gelang unterschiedlich gut. Als neue Texte schrieb man über die Prophetentexte – senkrecht zum älteren Text – in einer rätischen Minuskelschrift einige Homilien (Predigten) des Caesarius von Arles sowie zahlreiche weitere kürzere Texte (etwa von Augustinus oder Hieronymus). Was mit den heute fehlenden Textstücken der Bücher Ezechiel, Daniel und der kleinen Propheten geschah, wissen wir nicht. Die neu entstandene Handschrift mit den Homilien des Casearius von Arles gelangte spätestens um die Mitte des 9. Jahrhunderts ins Kloster St. Gallen. Aus jener Zeit datieren in St. Gallen vorgenommene Korrekturen an den Caesarius-Texten. Wohl gleichzeitig mit Cod. Sang. 193 gelangte auch Cod. Sang. 567 nach St. Gallen; denn dort finden sich auf den Seiten 142 bis 153 ebenfalls reskribierte Teile aus diesen ältesten Prophetentexten. Auf einzelnen Seiten lässt sich der ältere Text noch gut lesen, auf anderen Seiten ist man zur Entzifferung auf spezielle Beleuchtungs- und Fototechniken angewiesen.

St. Gallen, Stiftsbibliothek, Handschrift Nr. 193 (S. 244).
Pergament – 303 Seiten – 20,5 × 13,3 cm – Norditalien – spätes
5. oder frühes 6. Jahrhundert (untere Schrift) / Rätien – um 800
(obere Schrift) – www.cesg.unifr.ch.

244

Amen dico tibi hodie mecum eris in pa
radyso. De ipsa culpa eximis puenit
ced premia uirtutis. Beatus ille quis ex
peccatus est. Ut non infernus illum pec
picca. sed per edysus suscipiat. Uenit
dns hora quando seruus ignorat. qui a
mors non tardat. Dies dni inuocat ita
ueniat. Ut incem sic nos peccatos uenicat.
qui a nulli dubium est quod ueniat. Leabo
remus ergo dum tempus habemus. He ep
secuntae tem peracemus. He indisperac
tione incidemus. Secuntaces trachit cadpe
ncem. Disperacio uero grauuissimu pecca
tum est. Hondebemus dilectacese ubi cor
ndie sumus inquiaetacta. Ubi tracta urta
nostra. tem acactio est sup terrea. p
munt prospera formi dcentur.
acduersa. De trestaendae subpica
acupi diacaces aimendae. elecatio
fugendae. formicatio tepugnacendae.
Tesparcatio aolcae ut luxonece.

Das Ringen um das Wort:
Auseinandersetzung mit dem Bibeltext im
frühmittelalterlichen Kloster St. Gallen

Die ersten Bibelhandschriften, die man im Kloster St. Gallen las, stammten wahrscheinlich von ausserhalb. Doch spätestens in der zweiten Hälfte des 8. Jahrhunderts verfügte das Kloster über ein Skriptorium, in dem Texte abgeschrieben wurden. Mit Winithar ist in der Zeit zwischen 760 und 780 erstmals ein Schreiber namentlich greifbar. Mehrere Kopien biblischer Bücher von seiner Hand sind heute noch erhalten; ausgestellt ist seine Abschrift der Paulusbriefe (Cod. Sang. 70).

Diese ältesten St. Galler Bibelhandschriften wurden im zweiten Viertel des 9. Jahrhunderts erneut abgeschrieben. Auch für diese Zeit ist der Leiter des Skriptoriums namentlich bekannt: Unter Wolfcoz entstanden einige Handschriften biblischer Bücher in einer sehr regelmässigen und gut lesbaren alemannischen Minuskel – vielleicht der erste Versuch einer mehrbändigen Bibelausgabe. Gezeigt wird ein Band mit Prophetenbüchern (Cod. Sang. 43). Textlich entsprechen die biblischen Bücher der Wolfcoz-Zeit den älteren Handschriften aus der Zeit von Winithar, allerdings sind sie wesentlich bequemer zu lesen als die Codices in der sehr eigenwilligen Schrift Winithars. Sie bilden eine Grundlage für die beiden Bibelkorpora, die unter dem Abt-Stellvertreter und Abt Hartmut (Abt 872–883) in der zweiten Hälfte des 9. Jahrhunderts entstanden. Hartmut liess eine grossformatige Bibel in sechs Bänden für die Verwendung im Gottesdienst (gezeigt: Paulusbriefe, Cod. Sang. 83) und eine zehnbändige kleinformatige Bibel für seinen Privatgebrauch herstellen (gezeigt: Psalter, Cod. Sang. 19).

Hartmut begnügte sich aber nicht damit, ältere Handschriften abschreiben zu lassen, sondern bemühte sich um einen möglichst korrekten Bibeltext. Dafür griff er auf verschiedene Quellen zurück. Neben den älteren St. Galler Handschriften und Bibelkommentaren der Kirchenväter waren dies vor allem zwei einbändige Bibelausgaben der karolingischen Gelehrten und Theologen Alkuin von York (um 730–804) und Theodulf von Orléans (um 760–821). Eine dieser Handschriften, die sogenannte Alkuin-Bibel, befindet sich heute noch in St. Gallen. Sie wurde noch zu Alkuins Lebzeiten in Tours geschrieben (Cod. Sang. 75). Als Hartmut die beiden mehrbändigen Bibelkorpora schreiben liess, wurden die nötigen Korrekturen an den älteren Texten gleichzeitig in die Handschriften der Wolfcoz-Zeit und in die Alkuin-Bibel eingetragen. So lag der bereinigte Bibeltext nach Hartmuts Revision gleich in vierfacher Ausfertigung vor.

Neben Bibelabschriften entstanden im späten 9. Jahrhundert im Kloster St. Gallen auch Bibelkommentare. Als Beispiel ist ein kommentiertes Psalterium ausgestellt (Cod. Sang. 27). Der Text der Glossen geht grösstenteils auf einen Psalmenkommentar von Cassiodor zurück, scheint aber teilweise auch eine Eigenleistung des anonymen St. Galler Glossators zu sein.

Winithars Abschrift der Paulusbriefe

Der erste St. Galler Mönch, der als Schreiber im Skriptorium namentlich greifbar wird, ist Winithar. Er wird in Urkunden etwa zwischen 760 und 780 als Dekan erwähnt und hat mehrere der von ihm geschriebenen Handschriften eigenhändig unterschrieben. Seine Schrift ist unverkennbar – kantig, unregelmässig, wild. Obgleich seine Buchstabenformen jungen Schreibern sicher nicht als Vorbild dienen konnten, scheint Winithar doch eine leitende Stellung im Skriptorium eingenommen zu haben; dafür spricht, dass er in Handschriften, an denen er mit weiteren Mönchen gemeinsam beteiligt war, die Textanfänge geschrieben hat.

Drei Handschriften mit Bibelexzerpten Winithars liegen heute noch in der Stiftsbibliothek (Cod. Sang. 2, 11 und 238), dazu ein Band mit den Paulusbriefen (Cod. Sang. 70, ausgestellt) und ein Band (Cod. Sang. 907), der neben einem etymologischen Wörterbuch und anderen kleinen Texten die sogenannten Katholischen Briefe enthält. Diese Bezeichnung stammt vom Kirchenlehrer Eusebius von Caesarea (†340), der damit ausdrücken wollte, dass sie an die gesamte Christenheit (καθολικός = allgemein) gerichtet seien. Es sind dies der Jakobusbrief, zwei Briefe des Apostels Petrus, drei Johannesbriefe sowie der Judasbrief.

Die Katholischen Briefe sind bei weitem nicht so breit überliefert wie etwa der Psalter oder die Evangelien. Deshalb gehört Winithars Abschrift der Katholischen Briefe zu den Handschriften, die in den kritischen Editionen sowohl der Vetus Latina als auch der Vulgata eine wichtige Rolle spielen. In der kritischen Edition der Vetus Latina wird darüber hinaus auch für die Paulusbriefe Winithars Abschrift zitiert.

Winithars Bibelabschriften gehen auf eine italienische Vorlage zurück. Zusammen mit weiteren Bibelhandschriften, die in der Zeit zwischen 760 und 780 unter Bischof Johannes II. von Konstanz (zugleich Abt von St. Gallen und der Reichenau) entstanden, wurden die Winithar-Texte zwischen 820 und 840 erneut kopiert. Über diese Zwischenstufe dienten sie im späteren 9. Jahrhundert Hartmut als Grundlage für seine beiden Bibelkorpora (hierzu siehe unten S. 28 und 30 sowie die Einleitung zu Vitrine 2 und 3, oben S. 21).

Winithar gliedert die Texte durch Zwischenüberschriften in Rot oder Grün und Initialen. Einige der Initialen sind mit einfachen Flechtbandornamenten gefüllt, farbig ausgemalt (meistens in Rot, Gelb und Violett/Braun) oder aus zoomorphen Formen, etwa Fischen und Vögeln, gebildet. Typisch für Winithars Initialenstil sind Gesichter oder Christusbüsten, mit denen er manchmal die Innenräume runder Initialen (D, O, P, Q) ausfüllt. Die Initialen treten nicht nur zu Beginn eines Buchs oder Kapitels auf, sondern mitunter mitten in einem Kapitel, wie auf der abgebildeten Seite die obere Initiale «O» (*O altitudo diuiciarum sapiencię;* Rm 11, 33).

St. Gallen, Stiftsbibliothek, Handschrift Nr. 70 (S. 43).
Pergament – 258 Seiten – 29 × 20,5 cm – Kloster St. Gallen –
760–780 – www.cesg.unifr.ch.

& auertat

ex sion qui eripiet impietatē ab iacob
et hoc illis a me testamentum cū abstu-
lero peccata eorū. Secundū euangeliū
quidem inimici propter uos, secundū
electionē aūt carissimi propter patres.
Sine penitencia enim sunt dona et uo-
catio dī. Sicut enim aliquando & uos non cre-
didistis dō nunc aūt misericordiā conse-
cuti estis propter incredulitatē illorū
ita & isti nunc non crediderunt in uestrā
misericordiā ut & ipsi misericordiā
consequantur. Conclusit enim dōs oīa
in incredulitate ut omnium misereatur.
O altitudo diuiciarū & sapientie
& scientie dī quā incomprehensibi-
lia sunt iudicia eius & inuestiga-
biles uie eius. Quis enim cogno-
uit sensū dōni aut quis consiliarius eius
fuit. Aut quis prior dedit illi & retribue-
tur ei. Qnm ex ipso & per ipsū & in ipso
sunt omnia ipsi honor & gloria in secula.
XII. Obsecro itaque uos fratres per misericordiā dī. ut exhibeatis cor-
pora uestra hostiā uiuā deo sanctam
deo placentem racionabile obsequiū
uestrū & nolite conformari huic seculo
sed reformamini in nouitate sensus
uestri ut probetis que sit uoluntas dī
bona & beneplaciens & qd perfecta sit.

Eine Abschrift der Prophetenbücher aus dem frühen 9. Jahrhundert

Die von Winithar und seinen Mitarbeitern hergestellten Bibelabschriften (siehe hierzu oben S. 22) umfassten nur einige biblische Bücher. Ein Grund dafür, dass die Bibel im späten 8. Jahrhundert in St. Gallen nur punktuell abgeschrieben wurde, war wohl – wenn man nicht Überlieferungsverluste annimmt – Geld- und daraus resultierend Pergamentmangel. Jedenfalls bittet Winithar im Anschluss an seine Abschrift der Paulusbriefe (Cod. Sang. 70) um mehr Pergament.

Im frühen 9. Jahrhundert, wahrscheinlich unter Abt Gozbert (816–837), könnte in St. Gallen der erste Versuch unternommen worden sein, eine mehrbändige Bibelausgabe zu erstellen. Allerdings enthalten die heute noch vorhandenen Bände (Cod. Sang. 14, 39 und 43; Stuttgart, Württembergische Landesbibliothek, HB II 54) nicht alle biblischen Bücher, es fehlen etwa die fünf Bücher Mose, die Bücher Samuel, Könige und Chronik. Die Codices entstanden im St. Galler Skriptorium, wahrscheinlich unter der Leitung von Wolfcoz, einem der wenigen namentlich bekannten frühmittelalterlichen St. Galler Schreiber (zu ihm siehe unten S. 38).

Der ausgestellte Band (Cod. Sang. 43) enthält die Bücher der Propheten Ezechiel und Daniel sowie die zwölf kleinen Propheten. Ein Textvergleich zeigt deutlich, dass dieser Codex eine Zwischenstufe zwischen den ältesten St. Galler Bibelabschriften der Winitharzeit und den in der zweiten Hälfte des 9. Jahrhunderts unter Hartmut geschriebenen Bibelkorpora darstellt (siehe hierzu unten S. 28 und 30). Cod. Sang. 43 ist eine Abschrift des zur Zeit von Abt Johannes (Abt 760–782, er war gleichzeitig Bischof von Konstanz und Abt der Reichenau) geschriebenen Cod. Sang. 40. Als Hartmut seine zwei mehrbändigen Bibeln herstellen liess, griff er seinerseits auf den Text in Cod. Sang. 43 zurück und liess ihn abschreiben. Erst danach liess er die Abschrift (Cod. Sang. 68) aufgrund anderer Codices korrigieren oder korrigierte sie eigenhändig. Die Korrekturen trug er aber nicht nur in die Abschrift ein, sondern auch in die Vorlage, Cod. Sang. 43. Auf diese Weise konnten ohne grossen Mehraufwand gleichzeitig mehrere Bibeln mit dem gültigen Text produziert werden. Die Korrekturen sind mit dünner Feder zwischen den Zeilen oder am Rand nachgetragen.

Dass die Korrekturen nicht auch Eingang in die ältesten St. Galler Bibelhandschriften fanden, liegt möglicherweise daran, dass diese Codices – vor allem die von Winithar geschriebenen – nicht sehr bequem lesbar sind. Die in der Gozbert-Zeit entstandenen Codices sind hingegen von Wolfcoz und seinen Mitarbeitern in einer sehr sauberen und gut lesbaren alemannischen Minuskel geschrieben worden. Sie konnten daher auch ein halbes Jahrhundert nach ihrer Entstehung noch verwendet werden, obwohl mittlerweile auch in St. Gallen die karolingische Minuskel Einzug gehalten hatte.

St. Gallen, Stiftsbibliothek, Handschrift Nr. 43 (S. 1).
Pergament – 496 Seiten – 31 × 21 cm – Kloster St. Gallen –
1. Drittel des 9. Jahrhunderts – www.cesg.unifr.ch.

INCIPT PROLOGUS HIE
zechiel prophetae

Hic zechiel propheta cū ioc
chim rege iuda ductus inbc
billonem, ibique his qui cum
eo captiui fuerent, prophe
tcauit, poenitentibus quod ad ihe
remiae uaticinium, seul̅tro ced
uerscerus tradidissent, &uide
rent adhuc urbem iherosolimā
stcere, quam ille casurcm prędix
ercct, Tricisimo cc̅u anno, cc&lcc
tis suae, &captiuitccatis quin to,
exorsus̅e ad con captiuos loqui,
Et eodem tempore licc&l postrr̅r
or hic inchaldea, iheremias iniudē
a proph&lauerunt, Sermo eius nec
scctis dissertus, nec admo dū rustī

Die Alkuin-Bibel

Wenn man die Alkuin-Bibel betrachtet, fällt als erstes ihre gewaltige Grösse ins Auge. Sie misst knapp 54 × 40 cm und ist mit fast 19,5 kg eine der gewichtigsten Handschriften der Stiftsbibliothek. Ihr aussergewöhnliches Format erklärt sich damit, dass sie alle Bücher der Bibel in einem Band enthält (man spricht hierbei von einem Pandekten). Zu ihrer Entstehungszeit war das eher ungewöhnlich, meistens waren Bibelhandschriften auf mehrere Bände aufgeteilt.

Benannt ist die Alkuin-Bibel nach dem angelsächsischen Gelehrten und Theologen Alkuin von York (um 730–804), der auf Einladung Karls der Grossen nach 781 an den fränkischen Hof kam. Er wurde Lehrer an der Hofschule und einer der einflussreichsten Berater Karls vor allem in theologischen Fragen. Im Jahr 796 übertrug ihm Karl die Abtswürde des Benediktinerklosters St. Martin in Tours, wo Alkuin bis zu seinem Tod blieb. In seiner Zeit als Abt von St. Martin unternahm Alkuin eine Bibelrevision. Er bemühte sich dabei vor allem um einen grammatikalisch und orthographisch korrekten Text. Der Bibeltext Alkuins verbreitete sich weit, nicht zuletzt dank frühmittelalterlicher «Fliessbandproduktion»: Ab etwa 800 bis zur Mitte des 9. Jahrhunderts, als die Wikinger Tours überfielen und das Kloster niederbrannten, entstanden im Skriptorium von St. Martin etwa zwei Bibeln pro Jahr. Eine solche Massenproduktion erforderte nicht nur riesige Schafherden – pro Band mit rund 840 Seiten etwa 210 Schafe – sondern auch eine ausgeklügelte Arbeitsteilung unter bis zu zwanzig Schreibern. Jeder Schreiber kopierte eine Lage von Pergamentblättern, so dass an mehreren Stellen einer Handschrift gleichzeitig gearbeitet werden konnte. Dass es nicht immer einfach war, den vorgesehenen Plan einzuhalten, sieht man daran, dass die Schreiber am Lagenende mitunter die Buchstaben zusammendrängen oder auseinanderziehen mussten, um die Lage genau zu füllen.

Die St. Galler Alkuin-Bibel wurde noch zu Alkuins Lebzeiten geschrieben. Wann und wie sie nach St. Gallen kam, ist nicht klar; erst in der Mitte des 9. Jahrhunderts ist sie als erster Eintrag im ältesten Bibliothekskatalog mit Sicherheit in der Klosterbibliothek nachweisbar. Sie diente dem Dekan und späteren Abt Hartmut (zu ihm siehe unten S. 28) als Grundlage für seine Überarbeitung älterer St. Galler Bibeltexte. Dabei korrigierte Hartmut gleichzeitig auch den Text der Alkuin-Bibel dort, wo ihr Wortlaut fehlerhaft war. Auf vielen Seiten sind diese Korrekturen (möglicherweise von Hartmuts eigener Hand) in kleiner Schrift am Rand oder zwischen den Zeilen zu finden.

Verglichen mit späteren Bibeln aus Tours ist die St. Galler Alkuin-Bibel ausgesprochen schmucklos. Nur wenige grosse Initialen gliedern den Text, und ausser den Kanontafeln zu Beginn des Neuen Testaments gibt es überhaupt keine Illustrationen.

St. Gallen, Stiftsbibliothek, Handschrift Nr. 75 (S. 3).
Pergament – 840 Seiten – 55 × 40 cm – Tours, Kloster St. Martin –
um 800 (vor 804) – www.cesg.unifr.ch.

INCP LIB GENESIS

IN PRINCIPIO creauit ds caelum et terra. Terra autem erat inanis et uacua. et tenebrae sup faciem abyssi. et sps dei fere batur super aquas. Dixit qd ds. fiat lux. Et facta e lux. Et uidit ds lucem quod esset bona. et diuisit ds lucem ac tenebris. Appel lauitq; lucem diem et te nebras noctem. factuq; e uespere et mane dies unus.

II Dixit quoq; ds. fiat firmamentum In medio aquarum. et diuidat aquas ab aquis. Et fecit ds firmamentum. Diuisitq; aquas quae erant sub firmamento. ab his quae erant sup firmamentu. Et factum e ita. Uocauitq; ds firmamentu caelum. et factu e uespere et mane dies secun dus.

III Dixit uero ds. Congre gentur aquae quae sub caelo sunt In locum unum. et appa reat arida. factumq; e ita. Et uocauit ds aridam terra. Congregationesq; aquarum appellauit maria. Et uidit ds quod esset bonum et ait. Germinet terra herbam uiren tem et facientem semen et lignu pomiferum faciens fructum iuxta genus suum. cuius semen In semetipso sit sup terram. Et factum e ita. Et protulit terra herbam uirentem et ferentem semen iuxta genus suum. Lignumq; fa ciens fructum. et habens unumquodq; sementem secundum speciem suum. Et uidit ds quod esset bonum. factumq; e uespere et mane dies tertius.

IIII Dixit autem ds. fiant luminaria In firma mento caeli. ut diuidant diem et nocte et sint Insigna et tempora et dies et annos. ut luceant In firmamento caeli et Inlu ment terram. Et factum e ita. fecitq; ds duo magna luminaria. luminare maius ut praeesset diei. et luminare minus ut praeesset nocti. et stellas. Et posuit eas ds In firmamento caeli ut lucerent super terram. et praeessent diei ac nocti. et diuiderent lucem ac tenebras. Et uidit ds quod esset bonu. Et factum e. uespere et mane dies quartus.

Dixit etiam ds. Produ cant aquae reptile animae uiuen tis et uolatile super terram sub fir mamento caeli. Creauitq; ds cete grandia. et omnem animam uiue atq; motabilem quam produxerant aquae In species suas. Et omne uolatile secundum genus suum. Et uidit ds quod esset bonum benedixitq; eis dicens. Crescite et multiplicamini et replete aquas maris. Auesq; multiplicentur super terram. Et factum e uespere et mane dies quintus.

Dixit quoq; ds. Producat terrae animam uiuentem In genere suo. Iumenta et reptilia et bestias terrae secundu species suas. factiq; e ita. Et fecit ds bestias terrae iuxta species suas et iumenta et omne reptile terrae In genere suo. Et uidit ds quod esset bonum et ait. faciamus hominem ad imaginem et similitudine nrm. et praesit piscibus maris et uola tilibus caeli et uniuersis animantibus creaturae. Omniq; reptili quod mouet Interra. Et creauit ds hominem ad ima ginem suam. Ad imaginem di creauit illu Masculum et feminam creauit eos. Bene dixit illis ds et ait. Crescite et mul tiplicamini et replete terram et sub icite eam. et dominamini piscibus maris et uolatilibus caeli et uniuersis animan tibus quae mouentur super terram. Dixit qd ds. Ecce dedi uobis omnem herbam afferentem semen super terram. et uniuersa ligna quae habent Inse metipsis sementem generis sui. Ut sint uobis In escam. et cunctis animan tibus terrae. Omniq; uolucri caeli et uniuersisque mouentur In terra. Et in quibus e. animam uiuens ut habeant ad uescendum. Et factum e ita. Uidit q; ds cuncta quae fecit. et erant ualde bona. Et factum e uespere et mane dies sextus. Igitur perfecti sunt caeli

Das *Psalterium iuxta Hebraeos* – ein Band der «kleinen Hartmut-Bibel»

Unter den Äbten, welche die Bildung im mittelalterlichen Kloster St. Gallen mass-
geblich geprägt haben, ragt vor allem Hartmut (Abt 872–883) heraus. Bereits vor
seiner Ernennung zum Abt stand er in einer verantwortungsvollen Position. Sein
Vorgänger Grimald (Abt 841–872) war nämlich nicht nur Abt von St. Gallen, sondern
gleichzeitig Erzkaplan von König Ludwig dem Deutschen; um seinen Verpflichtun-
gen am Königshof nachzukommen, musste er häufig St. Gallen verlassen. Während
der Abwesenheiten Grimalds führte Hartmut von 849 bis 872 als sein Stellvertreter
das Kloster – man kann vielleicht sagen, dass er der eigentliche geistige Leiter war,
während Grimald St. Gallen eher nach aussen hin repräsentierte.

Auf Hartmut gehen zahlreiche Um- und Neubauten innerhalb des Klosterbezirks
zurück, nicht zuletzt der Hartmut-Turm, in dem die wertvollen Handschriften des
Klosters noch Jahrhunderte nach Hartmut feuersicher untergebracht waren. Ausserdem liess er die Bibliothek um viele Bücher vermehren. Unter den Büchern, die
in Hartmuts Auftrag im Skriptorium produziert wurden, befinden sich auch zwei
mehrbändige Bibelausgaben.

Die kleinformatige Bibelausgabe (zur «grossen Hartmut-Bibel» siehe unten S. 30)
liess Hartmut für seinen persönlichen Gebrauch schreiben. Dass sie ursprünglich
zehn Bände umfasste, geht aus einer Liste derjenigen Bücher Hartmuts hervor, die
nach seinem Tod in den Besitz der Klosterbibliothek übergingen. Die Liste ist in die
Casus sancti Galli des St. Galler Mönchs Ratpert († um 900) integriert.

Von den einstmals zehn Bänden befinden sich heute wahrscheinlich noch sechs
in St. Gallen (Cod. Sang. 7, 19, 42 (?), 46, 50 (?) und 68), zwei weitere in London
(British Library, Add. 11852) und Stuttgart (Württembergische Landesbibliothek,
HB II 20). Hartmut versah seine Bibeln – vielleicht eigenhändig – mit Widmungs-
gedichten. In jeweils vier Versen beschreibt er den Inhalt des Bandes, widmet ihn
dem heiligen Gallus und fügt eine Diebsverfluchung hinzu. Im ausgestellten Band
wünscht er Räubern tausend Geisselhiebe und die Pest an den Hals, in anderen
Bänden die Krätze oder einen Buckel.

Der gezeigte Band enthält das sogenannte *Psalterium iuxta Hebraeos*, also die
vom Kirchenvater Hieronymus angefertigte Übersetzung der Psalmen nach dem
hebräischen Urtext. Das ist bemerkenswert, denn alle anderen St. Galler Psalterien
enthalten das *Psalterium Gallicanum*, die im Mittelalter am weitesten verbreitete
Psalmenübersetzung. Es spricht für Hartmuts theologisches Interesse, dass er sich
auch die weniger gängige Übersetzung beschaffte. Als Vorlage muss neben weiteren
Handschriften ein heute verlorenes Exemplar der Theodulf-Bibel gedient haben,
das Hartmut für seine Überarbeitung älterer St. Galler Bibelcodices heranzog.

St. Gallen, Stiftsbibliothek, Handschrift Nr. 19 (S. 5).
Pergament – 138 Seiten – 23,5 × 19 cm – Kloster St. Gallen –
3. Viertel des 9. Jahrhunderts – www.cesg.unifr.ch.

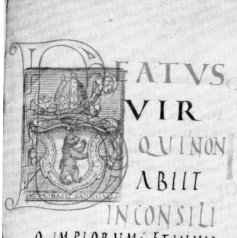

BEATVS VIR QVI NON ABIIT INCONSILI O IMPIORUM ETINUIA
peccatorum nonstetit & incathe
dra derisorum nonsedit.

Sed inlege dni uoluntas eius & inle
ge eius meditabitur die ac nocte.

Et erit tamquam arbor transplanta
ta iuxta riuulos aquarum.

Quae fructum suum dabit intempo
re suo. & folium eius nondefluet.
& omne quodfecerit prosperabitur.

Non sic impii sed tamquam puluis
quem proicit uentus.

Propter ea nonresurgunt impii in
iudicio neq; peccatores incongre
gatione iustorum.

Quo nouit dns uiam iustorum.

& iter impiorum peribit.

QVARE TVRBABVNTVR
gentes. & tribus meditabun
tur inania.

Consurgent reges terrae. & prin
cipes tractabunt pariter aduer
sus dnm & aduersus xpm eius

Dirumpamus uincula eorum. &
proiciamus anobis iugum ipsorum.

Habitator caeli ridebit. dns sub
sannabit eos.

Tunc loquetur adeos inira sua &
infurore suo conturbabit eos.

Ego aut ordinatus sum regem me
um. super sion montem scm suum
adnuntiabo di praeceptum.

Dns dixit adme filius meus estu
ego hodie genui te.

Postula ame & dabo tibi gentes
hereditatem tuam. & possessio
nem tuam terminos terrae.

Asces eos inuirga ferrea ut uas
figuli conteres eos.

Nunc ergo reges intellegite eru
dimini iudices terrae

Ein Band der «grossen Hartmut-Bibel» mit den Paulusbriefen

Neben der kleinformatigen Bibel in zehn Bänden für seinen Privatgebrauch liess
der Abtstellvertreter und spätere Abt Hartmut (zu ihm und zur «kleinen Hartmut-
Bibel» siehe oben S. 28) auch eine grossformatige Bibelausgabe im St. Galler Skriptorium herstellen. Die sechs Bände dieses Bibelkorpus werden vom St. Galler Mönch
Ratpert (um 840/50–um 900) in seinen *Casus sancti Galli* in einer Liste der unter
Hartmut geschriebenen Bücher erwähnt. Alle sechs Bände lassen sich noch mit grosser Wahrscheinlichkeit im Bestand der Stiftsbibliothek nachweisen (Cod. Sang. 77,
78, 79, 81, 82 und 83). Die Psalmen und die vier Evangelien sind in den sechs Handschriften nicht enthalten. Sie waren wohl nicht Teil des Bibelkorpus, da diese Texte
üblicherweise in eigenen Büchern, Psalterien und Evangeliaren, überliefert wurden.

Die «grosse Hartmut-Bibel» war für den Gebrauch in der Liturgie gedacht. Dem-
entsprechend ist sie in einer recht grossen Schrift geschrieben, und die einzelnen
Bände erreichen ein beträchtliches Format – zwischen 40,5 × 29,5 cm (Cod. Sang. 82)
und 46,5 × 35 cm (Cod. Sang. 77). Das ist zwar noch deutlich kleiner als die Alkuin-
Bibel mit 54 × 40 cm (zu ihr siehe oben S. 26), doch ist die Anzahl der Schafe, die für
die Produktion der grossen Hartmut-Bibel benötigt wurden, mit 650 Tieren für insgesamt 2600 Seiten mehr als dreimal so hoch. Dass es sich dennoch eher lohnte,
eine nicht ganz so grosse Bibel in mehreren Bänden zu produzieren statt einer noch
grösseren in einem Band, liegt vermutlich daran, dass Schafe im rauhen Klima von
St. Gallen nur mit teurer Zufütterung im Winter auf die nötige Grösse hätten heran-
wachsen können. Im milderen Tours war das wohl nicht nötig.

Die grosse Hartmut-Bibel enthält den unter Hartmut als verbindlich betrachte-
ten Text. In Einzelfällen lässt sich nachweisen, dass die Texte von der kleinen Hartmut-Bibel abgeschrieben wurden, nachdem diese korrigiert worden war. Alle Bände
sind sehr sorgfältig geschrieben. Zur guten Lesbarkeit trägt neben der grossen
Schrift auch die Aufteilung der Textseite in zwei Spalten bei – so besteht weniger die
Gefahr, dass der Lektor beim Zeilenwechsel in der falschen Zeile landet.

Grosse Schmuckinitialen jeweils zu Beginn eines biblischen Buchs gliedern die
Bände. Meistens sind die rot umrandeten, verschlungenen und teils in Tierköpfe
auslaufenden Initialen mit Gold und Silber gefüllt. Im Band mit den Prophetenbüchern (Cod. Sang. 82) ist die Farbpalette durch Blau, Grün und Gelb erweitert.
Die aufwendigsten Initialen findet man im Band mit den Paulusbriefen (Cod. Sang.
83). Die abgebildete Seite zeigt den Beginn des Epheserbriefs. Hier hat die ganze
P-Initiale *(Paulus apostolus Christi Iesu)* die Gestalt eines auf den Hinterbeinen
stehenden Raubtiers, das an einen Geparden oder einen Windhund erinnert.

St. Gallen, Stiftsbibliothek, Handschrift Nr. 83 (S. 128).
Pergament – 418 Seiten – 40,5 × 30,5 cm – Kloster St. Gallen –
3. Viertel des 9. Jahrhunderts – www.cesg.unifr.ch.

EPIST.

nibuſ & prome . & omnia no
ta uobiſ faciet tichicuſ .

INCIPIUNT TESTI
MONIA DEUTERI
TESTAMENTO IN
PISTOLA AD EPHES

IIII	Inpſalm Lxiiii ·	Aſcendenſ inaltū
V	Inpſal · iiii ·	Iraſcimini & nolite
VI	Inapocriſo ·	Surge quidormiſ ·
VII	Ingeneſi ·	Propt hoc reliquit
VIII	Inexodo ·	Onora patrē tuū &

INCIPIT ARGUM
TUM AD EPHESIOS

EPHESII SUNT ASI
ANI · HI ACCEPTO
UERBO UERITA
TIS PERSTITERUNT
IN FIDE · HOS CON
LAUDAT APOSTOLUS
SCRIBENS EIS A ROMA
DE CARCERE PER TI
CHICUM DIACONUM ·

INCIP EPIST
AD EPHESIOS:

PAV
LUS
APS
TOLVS
XPI IHU · PER
uoLUNTATE
di ſcſ omnibuſ
qui ſunt . epheſi .
et fidelibuſ inxpō
IHU · Gratia uo
biſ & pax. adō pa
tre noſtro . & dno ihu
xpō · Benedictuſ dſ .
et pater dni noſtri ihu
XPI · qui benedixit
noſ inomni benedicti
one ſpirttali · incaeleſti
buſ. inxpō · Sicut ele
git noſ inipſo ante mun
di conſtitutionem . ut eſ
ſemuſ ſcī . & immaculati .
inconſpectu eiuſ. incari
tate · Qui praediſtina

Ein glossiertes Psalterium aus St. Gallen

Die Auseinandersetzung mit der Bibel in St. Gallen zur Zeit von Abt-Stellvertreter und Abt Hartmut (zu ihm siehe oben S. 28) beschränkte sich nicht allein auf das Bemühen um einen korrekten Bibeltext. Es wurden auch Bibelkommentare abgeschrieben und zusammengestellt.

Ein Beispiel für einen solchen in St. Gallen geschriebenen Kommentar ist das glossierte Psalterium Cod. Sang. 27. Dass es für und wahrscheinlich auch in St. Gallen geschrieben wurde, zeigt eine Allerheiligenlitanei auf den letzten Seiten (S. 701–703): Gallus ist dort als einziger Heiliger durch Grossbuchstaben hervorgehoben. Otmar, der erste Abt des Klosters St. Gallen, der 864 heiliggesprochen wurde, kommt in der Litanei hingegen nicht vor. Man kann daher davon ausgehen, dass der Psalter vor 864 geschrieben wurde.

Der Text der 151 Psalmen steht in der mittleren Spalte und wird von zwei Spalten mit Kommentaren gerahmt. Verschiedene Schreiber waren an der Kommentierung beteiligt. Eine Haupthand hat den gesamten Psalter unmittelbar, nachdem er geschrieben worden war, glossiert. Auf der abgebildeten Seite schrieb sie den Kommentar in der linken Spalte sowie die oberen zwei Drittel der rechten Spalte. Auf den ersten Seiten kommen noch zwei weitere Hände hinzu. Eine zweite Hand in einer schmalen Kanzleischrift schrieb die Interlinearglossen zwischen den Zeilen und fügte teilweise weitere Glossen am Rand hinzu (auf der abgebildeten Seite in der rechten Spalte unten). Schliesslich zeigen Glossen von einer Hand des 14./15. Jahrhunderts (rechte Spalte Mitte), dass der Psalter auch noch im Spätmittelalter benutzt und weiter kommentiert wurde.

Verschiedene Elemente gliedern den Text: Die ausführlichen *tituli* (Überschriften) zu den Psalmen sowie die kurzen Gebete am Ende jedes Psalms sind rot geschrieben, die Psalmanfänge durch eine rot umrandete Initiale mit Gold- und Silberfüllung hervorgehoben. Jeder Psalmvers beginnt in einer neuen Zeile *(per cola et commata)* und ist durch einen roten, mit Gold und Silber hinterlegten Majuskelbuchstaben betont. Die einzelnen Kommentarblöcke beginnen jeweils mit einem grünen Majuskelbuchstaben, der gelb hinterlegt ist. Sie heben sich dadurch auch farblich vom Psalmtext ab. Besonders aufwendig sind die Initialen zu Beginn der Psalmen 1, 51 und 101 gestaltet. Diese Dreiteilung – eine von mehreren möglichen Gliederungen des Psalters – ist typisch für St. Galler Handschriften.

Textgrundlage für die Glossierung ist vor allem die *Expositio Psalmorum* des spätantiken Autors Cassiodor (um 485 – um 580), die der anonyme St. Galler Glossator kürzte und vereinfachte. Einige Teile des Kommentars stammen möglicherweise von diesem St. Galler Mönch selbst.

St. Gallen, Stiftsbibliothek, Handschrift Nr. 27 (S. 21).
Pergament – 752 Seiten – 31,7 × 23,8 cm – Kloster St. Gallen –
um 850–860 (vor 864) – www.cesg.unifr.ch.

Das tägliche Wort:
Die meistgelesenen Bibeltexte im Kloster

Das ganze Bibelkorpus mit seinen gemäss katholischem Kanon 73 Büchern von der Genesis bis zur Apokalypse bildete die Heilige Schrift, das Wort der göttlichen Offenbarung. Die frühmittelalterliche Bibelphilologie, jene Alkuins von York unter Karl dem Grossen oder später jene Hartmuts und seiner gelehrten Mönche im Kloster St. Gallen (siehe Vitrinen 2 und 3), beschäftigte sich mit allen biblischen Büchern. Im täglichen Leben der Mönche und im Gottesdienst standen allerdings drei Teile der Bibel im Vordergrund: das Buch der 150 Psalmen im Stundengebet, die vier Evangelien in der Feier der Eucharistie und die Briefe des Apostels Paulus als die am häufigsten verwendeten Texte für die Epistellesungen. Auf sie war auch das besondere Interesse der Textkritik ausgerichtet; dies belegen etwa die drei griechisch-lateinischen «Bilinguen» irischer Gelehrter des 9. Jahrhunderts im Besitz des Klosters St. Gallen (siehe Vitrine 5).

Die auf Lesepulten aufgeschlagenen und für das gemeinsame Stundengebet, die tagsüber und vor allem des Nachts im Chor gesungenen Horen, bestimmten Psalmenbücher wurden in grossem Format geschaffen und in Schrift und Buchschmuck prächtig gestaltet. Aus der Zeit der Hochblüte des St. Galler Skriptoriums im 9. und frühen 10. Jahrhundert lassen sich noch insgesamt zwölf solche Psalterhandschriften nachweisen. Acht davon liegen in der Stiftsbibliothek, die restlichen vier sind weit verstreut. Sie enthalten verschiedene Textfassungen, die meisten jedoch das für das Stundengebet massgebliche *Psalterium Gallicanum*. Von den vier künstlerisch herausragenden Psalterien ist der berühmte Folchart-Psalter (Cod. Sang. 23) für einmal nicht ausgestellt, hingegen die zwei frühen, Wolfcoz zugeschriebenen Psalterien, der «Zürcher Psalter» (Zürich, Zentralbibliothek, Ms. C 12) mit der ältesten Miniatur in Deckfarben und der Wolfcoz-Psalter (Cod. Sang. 20) mit reichem Initialschmuck. Während diese die früheste Stufe der St. Galler Schreibkunst um 820/830 verkörpern, vertritt der Goldene Psalter (Cod. Sang. 22) mit seinem vielteiligen Bildprogramm den glanzvollen Höhepunkt karolingisch-höfischer Buchkunst in den letzten Jahrzehnten des 9. Jahrhunderts.

Die Evangelienbücher enthalten die Frohbotschaft, das Wort Gottes im eigentlichen Sinn. Sie wurden daher mit besonderer Sorgfalt geschaffen und kunstvoll ausgeschmückt. Das zeigt sich schon bei den Werken irischer Buchkunst, die in Irland oder auf dem Kontinent entstanden und in St. Gallen überliefert sind. Gezeigt wird diesmal nicht das glanzvolle irische Evangeliar (Cod. Sang. 51), sondern das etwas bescheidener ausgestattete Buch mit dem Johannes-Evangelium (Cod. Sang. 60). Die unter Dekan und Abt Hartmut im dritten Viertel des 9. Jahrhunderts geschaffenen grossen Gesamtausgaben der Bibel in Einzelbänden umfassen auch das Evangelienbuch. Ausgestellt ist ein kommentiertes, also für das Studium bestimmtes Evangeliar (Cod. Sang. 50); es beeindruckt durch seine klare, rationale Anordnung von Text und Glossen und durch seine meisterhaften Initialen. Die höchste Stufe der Buchkunst erreichen die für die Messfeier an Festtagen bestimmten Evangelienbücher. Sie ordnen die Evangelienlesungen (Perikopen) nach ihrer Verwendung im Laufe des Kirchenjahrs an und werden Evangelistare genannt. Neben dem Evangelium longum (Cod. Sang. 53) gehört das ausgestellte, nach einer vornehmen Stifterin namens Gundis bezeichnete Evangelistar (Cod. Sang. 54) zu den vollendeten Schöpfungen der St. Galler Initialkunst unter dem Schreibmeister Folchart im ausgehenden 9. Jahrhundert.

Als Beispiel für die Briefe des Apostels Paulus wurde eine Handschrift ausgewählt, die als erste eine Darstellung des Völkerapostels als Prediger enthält (Cod. Sang. 64).

Der Psalter mit der ältesten Miniatur aus St. Gallen

Für das tägliche Stundengebet im Chor brauchten die Mönche grosse Psalterhandschriften. Zwar waren die Psalmen im Gedächtnis tief verankert und eine schriftliche Vorlage oft gar nicht notwendig, denn die 150 lateinischen Psalmen waren die meistrezitierten Texte aus der Heiligen Schrift und wurden jede Woche einmal gebetet. Trotzdem mussten im Chorraum Psalterhandschriften aufgeschlagen sein; sie symbolisierten in kostbarer Ausstattung das Wort Gottes und dienten auch als Referenztexte. Der Klosterchronist Ekkehart IV. (um 980/90 – um 1060) berichtet in seinen *Casus sancti Galli*, dass der Mönchschor «über dreizehn Sitze mit Psalterien verfügte, die entweder mit Gold bemalt oder sonstwie edel gestaltet waren» (Kap. 42). Sie waren wahrscheinlich an bestimmte Personen und Chorsitze gebunden. Zu den Chorpsalterien gehörte auch der als «Zürcher Psalter» bezeichnete, von Wolfcoz geschaffene Psalter. Im 12. Jahrhundert war er vom häufigen Gebrauch bereits so sehr abgenutzt, dass ein Restaurator namens Heinrich mehrere Seiten ergänzte. Seinen Namen bekam der «Zürcher Psalter», da er zu Beginn des Toggenburger Kriegs von 1712 nach Zürich gelangte; seit 2006 befindet er sich wieder in St. Gallen.

Es dürfte sich um das älteste Werk des St. Galler Mönchs Wolfcoz I. handeln, entstanden zwischen 820 und 830. Der Psalter ist mit reichem Initialschmuck ausgezeichnet; dieser ist noch vom linearen merowingischen Stil beeinflusst, weist aber schon auf die spätere Entfaltung im karolingischen Stil hin. Singulär ist die Miniatur am Ende der ersten Psalmentriade, d.h. nach dem Busspsalm 50 auf Blatt 53ʳ (Abbildung); es handelt sich um die einzige noch einigermassen gut erhaltene Deckfarbenminiatur aus St. Gallen im 9. Jahrhundert. Dargestellt ist die Strafpredigt des Propheten Nathan vor König David, wobei auf den Titulus von Psalm 50 Bezug genommen wird: «Dem Musikmeister, ein Psalm von David, als der Prophet Nathan zu ihm kam, nachdem er bei Bathseba eingedrungen war». König David hatte seinen Heerführer Urias an der Front sterben lassen und mit dessen Frau Bathseba Ehebruch begangen. Der König wirft sich in Reue vor dem mit verzierten Stoffen umhangenen Altar nieder. Dahinter erhebt der mahnende Prophet die Hände zu Gott, dessen Hand oben aus dem Himmelssegment als Zeichen der Vergebung herabreicht. Links ist das Haus Davids zu sehen. Die Miniatur ist im Bereich der figürlichen Buchmalerei ein Erstlingswerk für St. Gallen. Stilistische Merkmale deuten auf italienische Einflüsse hin. Das Bild will nicht bloss eine historische Szene darstellen: die Begegnung der beiden Männer. Es ist darüber hinaus ein Sinnbild, «der Betrachter wird in das Bildgeschehen einbezogen, Reue, Busse, Rückkehr gehen jeden etwas an» (Christoph Eggenberger).

Zürich, Zentralbibliothek, Ms. C 12 (als Dauerleihgabe in der Stiftsbibliothek St. Gallen aufbewahrt) (fol. 53ʳ). Pergament – 169 Blätter – 31,3 × 23 cm – Kloster St. Gallen – um 820/30 – www.e-codices.ch (ausgestellt Dezember bis Februar).

contritum & humilicetu dñ despi
Benigne fec dñe in bona uo cier.
luntate tue cion: & edi fice
tur muri hieru scelem ;·
Tunc acceptabis sacrificium iusti
ticie oblectiones & holocaustec
tunc imponent super altare tu
um uitulos ;—

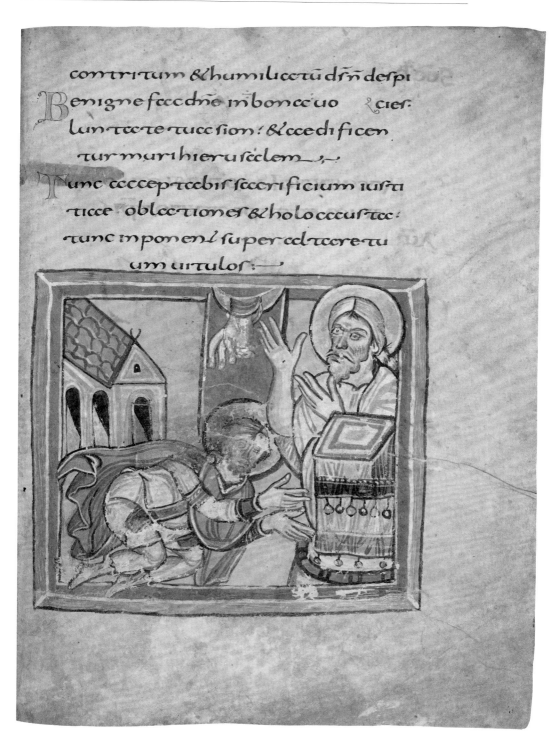

Frühe Initialkunst im Wolfcoz-Psalter

Vom St. Galler Mönch Wolfcoz I. stammt der sogenannte Wolfcoz-Psalter. Er gehört mit dem «Zürcher Psalter», der ebenfalls Wolfcoz zugeschrieben wird, dem Folchart-Psalter und dem Goldenen Psalter zu den herausragenden Gross-Psalterien, die aus dem frühmittelalterlichen Kloster St. Gallen erhalten geblieben sind. Wolfcoz erscheint urkundlich zwischen 813 und 828, er wirkte als Vertrauensmann seines Abtes Gozbert. Als ausgezeichneter Kalligraph im klösterlichen Skriptorium tätig, entwickelte er eine Kunstschrift des mittleren und hohen Stils, die schulbildend war. Mit dem Psalter und dem Wolfcoz-Evangelistar (Cod. Sang. 367) schuf er in den 820er und 830er Jahren auch die frühesten Meisterwerke sanktgallischer Initialkunst. Mit Wolfcoz und seinem Kreis erreichte St. Gallen unter Abt Gozbert, als auch das neue Münster erbaut wurde und die Abtei politisch erstarkte, seine erste buchkünstlerische Blüte. Ein späterer, vielleicht von seinem jüngeren Verwandten Wolfcoz II. verfasster Widmungsvers auf S. 327 weist den Psalter als sein Werk aus: «Dieses Psalterium habe ich für immer dem Herrn weihen wollen, demütig bittend, ich, der ich Wolfcoz mit Namen heisse. Nun beschwöre ich alle Gegenwärtigen und Künftigen, dass sie dieses [Psalterium] unter keinen Umständen von hier fortnehmen, sondern dass es fest hier bleibe. Leser, sprich Gebete für mich und bitte den Herrn im Himmel, dass er mir – wie auch dir – das ewige Leben gebe» (Übersetzung Walter Berschin).

Der Wolfcoz-Psalter wurde im Stundengebet der Mönche intensiv benutzt. Darauf lassen die häufig verschmutzten oder verblassten Initialen und die abgenutzten und dunkel gewordenen Pergamentblätter schliessen. Auch stark verwischt ist das für St. Gallen aussergewöhnliche Titelbild (S. 1). Es zeigt vier Schreiber (die vier Mitautoren Davids, nämlich die in der einleitenden *Origo prophetiae David* genannten Chorleiter Asaph, Eman, Ethan und Idithun), angeordnet in zwei Reihen übereinander, an je einem Pult mit aufgeschlagenem Buch sitzend. Sie blicken alle auf die gegenüberliegende, nicht mehr erhaltene linke Seite, wo David abgebildet war.

Die die einzelnen Psalmen einleitenden Initialen erinnern mit ihren zahlreichen zoomorphen Elementen (Vogelköpfe, Vogelfüsse, Drachenköpfe) noch an insularen und merowingischen Buchschmuck. Den künstlerischen Höhepunkt bildet die Q-Initiale zu Beginn des 51. Psalms (abgebildet): *QVID GLO/RIARIS/ in malitia qui/ potens es iniqui/tate?* («Was rühmst Du Dich der Bosheit, der Du mächtig bist in der Ungerechtigkeit?»). Der Künstler gestaltet mit einfachsten Mitteln, mit hellen, freundlichen Farben, ohne Verwendung der in diesem Psalterium fast ganz fehlenden Metallfarben Gold und Silber, eine eigenwillige, in ihrer Gesamtkomposition beeindruckende Initiale.

St. Gallen, Stiftsbibliothek, Handschrift Nr. 20 (S. 111).
Pergament – 362 Seiten – 30,5 × 23,5 cm – Kloster St. Gallen
– um 820/30 – www.cesg.unifr.ch.

Tu dilexisti malitiam qui potens es in iniquitate
Tota die iniustitiam cogitauit lingua tua: sicut nouacula acuta fecisti dolum
Dilexisti malitiam super benignitatem, iniquitatem magis quam loqui aequitatem
Dilexisti omnia

Gebetbuch für einen König: Der Goldene Psalter

Der Goldene Psalter *(Psalterium Aureum)* von St. Gallen zeichnet sich durch Verwendung von Goldtinte für das gesamte Buch, für alle 150 Psalmen des Psalters, aus. Damit gehört er zu den wenigen Werken, die das Attribut *Codex Aureus* («Goldene Handschrift») tragen dürfen. Im Zusammenspiel mit der reichen Bebilderung und der hohen Qualität der Initialen hebt er sich als eindrucksvolles Zeugnis spätkarolingischer Buchkunst von den übrigen Codices aus jener Zeit ab. Er war offensichtlich nicht für den liturgischen Gebrauch der Mönche, sondern für eine hochgestellte Persönlichkeit und für Repräsentationszwecke bestimmt. Das geht auch aus seinem Inhalt hervor: Nach zwei Psalter-Vorreden enthält er die 150 Psalmen, aber nicht den sonst in St. Gallen üblichen apokryphen 151. Psalm und die Cantica, die neben den Psalmen in der Liturgie gesungenen Hymnen des Alten und Neuen Testamentes. Die herausgehobene Darstellung König Davids als des Psalmendichters und -sängers (Autorbild S. 2, Figureninitiale S. 160) sowie weitere Bilder mit Szenen aus dem Leben Davids lassen auf einen König als Empfänger schliessen. In Frage kommen dafür Karl II. der Kahle (westfränkischer König 840–877; Kaiser 875) und dessen Neffe Karl III., später als der Dicke bezeichnet (ostfränkischer König 876–887; Kaiser 881–887; † 888). Für beide spielte wie bereits für Karl den Grossen die David-Typologie in ihrem Herrschaftsverständnis eine Rolle.

Die Ornamentik der 37 kunstvollen Initialen und der Figurenstil lassen sich aus westfränkischen Werken der Spätzeit Karls des Kahlen herleiten. Die Handschrift ist entweder an seiner Hofschule in Soissons oder unter Mitwirkung westfränkischer Künstler in St. Gallen entstanden. Sie wurde hier von St. Galler Schreibern teilweise ergänzt, blieb aber unvollendet. Das grossformatige königliche Psalterium sollte beim Besuch des Königs an dessen Platz im Mönchschor aufgeschlagen sein. Als ihr ausersehener Benutzer kommt Karl III. in Frage, der bei seinem Besuch 883 als *frater conscriptus* in den St. Galler Mönchskonvent aufgenommen wurde. Ein weiterer Besuch des 887 abgesetzten Kaisers in St. Gallen fand nicht statt, weshalb vielleicht die Handschrift unvollendet geblieben ist.

Die hier abgebildete ganzseitige Miniatur am Anfang der Handschrift zeigt als Autorbild den gekrönt thronenden König David, der die Cithara mit dem Plektron (Schlagstab) spielt. Umgeben ist er von zwei Gabelbeckenspielern und zwei Schleiertänzern. Die Szene ist in rechteckig erweiterter Arkade mit Purpurgrund dargestellt, aus den Zwickeln ragt rechts die Hand Gottes, links die Halbfigur eines Engels der Inspiration.

St. Gallen, Stiftsbibliothek, Handschrift Nr. 22 (S. 2).
Pergament – 344 Seiten – 37 × 28 cm – Hofschule Karls des
Kahlen / Kloster St. Gallen – um 870/900 – www.cesg.unifr.ch
(ausgestellt März bis November).

Irische Verkündigung des Wortes Gottes: das Johannes-Evangelium

Die kostbarsten liturgischen Handschriften wurden für den Psalter und für die Evangelientexte geschaffen. Dies gilt auch für die irischen und angelsächsischen Skriptorien. Irische Kalligraphie und die Kunst der vielfarbigen Miniatur haben sich vor allem bei der Herstellung von Evangeliaren ausgebildet und in einzelnen Prachthandschriften eine solche Vollkommenheit erreicht, dass diese heute als Höhepunkte abendländischer Buchkunst gelten. Zu dieser Gruppe gehört neben dem Book of Lindisfarne, dem Book of Kells u.a. auch das St. Galler Evangeliar (Cod. Sang. 51). Etwas im Schatten dieser Zimelie und nicht von gleich hoher Qualität sind zwei weitere Evangelientexte im Besitz der Stiftsbibliothek, das Fragment eines Lukas-Evangeliums (Cod. Sang. 1394, S. 101–104) und das hier ausgestellte Johannes-Evangelium (Cod. Sang. 60).

Paläographisch lässt sich der Codex auf die Zeit um 800 datieren. Er ist von einem einzigen Schreiber irischer Herkunft in irischer Halbunziale geschrieben, möglicherweise eher in einer irischen Mönchskolonie auf dem Festland (Bobbio?) als in Irland selber. Darauf deuten die beiden ganzseitigen Schmuckseiten hin, eine Bildtafel mit dem Porträt des Evangelisten Johannes (S. 4) und ihr gegenüber eine Schrifttafel mit dem Beginn des Evangeliums: *IN PRINCIPIO erat verbum* (S. 5, hier abgebildet); sie sind nämlich bereits von merowingisch-kontinentalen Stilelementen beeinflusst. Der Band dürfte mit den beiden Iren Bischof Marcus und dessen Neffen Moengal/Marcellus Mitte des 9. Jahrhunderts nach St. Gallen gelangt sein. Im ältesten Bücherverzeichnis der Klosterbibliothek aus der Zeit um 850/880 befindet sich im Sonderverzeichnis der *Libri scottice scripti* ein *Evangelium secundum Iohannem in volumine I* (Cod. Sang. 728, S. 4), und auch der Hauptkatalog in der gleichen Handschrift führt unter den neutestamentlichen Büchern zwei irisch geschriebene Johannes-Evangelien auf: *Item evangelia II secundum Iohannem scottice scripta* (S. 5).

Die Initialseite enthält in einem geöffneten Rechtecksrahmen links die seitengrosse Initialligatur *INP*. An Stelle des N-Schrägbalkens befinden sich «zwei Tierköpfe mit weit aufgerissenem, mit riesigen Zähnen bewehrtem Rachen». Dies sowie «der Ring zwischen den Köpfen, die gerade vorstossenden Zungen, die Bildung der Unterkiefer, die Säumung der Augenwinkel, die Binnenzeichnung der Schnauze, die aufgeworfenen, perlenbesetzten Nüstern – dies alles [ist] ohne Parallele». Auch singulär ist der Bogen des P, der durch einen «unvermittelt an den Stamm angesetzten Schwanenhals und -kopf gebildet» wird (Peter Meyer).

St. Gallen, Stiftsbibliothek, Handschrift Nr. 60 (S. 5).
Pergament – 70 Seiten – 27 × 18,5 cm – Irland oder irischer Kreis
auf dem Kontinent – um 800 – www.cesg.unifr.ch.

Ein kommentiertes Evangeliar aus der Hartmut-Zeit

Seit der Mitte des 9. Jahrhunderts setzte man sich in St. Gallen eingehend mit den Texten der Bibel auseinander. St. Gallen gehörte damals in der wissenschaftlichen Beschäftigung mit der Bibel zu den führenden Klöstern des Abendlandes. Dies ist wesentlich der Initiative von Dekan und Abt Hartmut zu verdanken, der zunächst ab 849 Dekan und Stellvertreter Abt Grimalds (841–872) war und nach Grimalds Tod dessen Nachfolger (872–883) wurde (zu Hartmut siehe oben S. 28). Hartmut war bibelphilologisch interessiert, er wollte die besten Bibeltexte in seinem Kloster haben. Deshalb gab er im Skriptorium zwei Bibelkorpora in Auftrag, ein grossformatiges Korpus mit ursprünglich sechs Bänden und ein kleinerformatiges Korpus mit einstmals zehn Bänden (hierzu siehe oben S. 21, 28 und 30).

Dass ausserdem die wichtigsten und meistgelesenen Bibeltexte, das Psalmenbuch und die Evangelien, ausgedeutet und interpretiert wurden, versteht sich angesichts dieses Interesses von selbst. Daher entstanden damals im Galluskloster auch charakteristische glossierte Psalter- und Evangelienhandschriften. Das ausgestellte Evangeliar ergänzt drei kommentierte Psalterhandschriften der Hartmut-Zeit, die etwas früher entstanden sind. Es dürfte sich ebenfalls noch in die Dekanatszeit Hartmuts einordnen lassen und zugleich das früheste erhaltene Evangeliar aus dem St. Galler Skriptorium sein.

Der Evangelientext – hier abgebildet der Beginn des Johannes-Evangeliums (S. 401) – ist wie bei den kommentierten Psaltern (z. B. Cod. Sang. 27, siehe oben S. 32) in einer breiten Mittelspalte geschrieben. Links und rechts ist viel Raum gelassen, worin in kleinerer Schrift die Kommentare stehen. Die Verse sind jeweils durch eine rote Initiale herausgehoben. Die Anordnung der Textseiten wirkt gepflegt und übersichtlich, sie verrät ein klares Konzept. Die Auslegungen der Evangelien stammen hauptsächlich aus den Schriften der Kirchenväter, aber auch von Beda Venerabilis (672/73–735) und Alkuin von York (um 730–804). Bedas Prolog zu Markus (S. 167f.) kommt möglicherweise aus der Beschäftigung der St. Galler Mönche mit Bedas Psalmenkommentar und sollte künftig ein Charakteristikum vieler St. Galler Evangeliare bilden. Die Handschrift gehört wahrscheinlich zur zehnbändigen «kleinen Hartmut-Bibel» und ist wohl identisch mit dem *Evangeliorum volumen I* im Verzeichnis der Privatbibliothek Hartmuts (Cod. Sang. 614, S. 127).

St. Gallen, Stiftsbibliothek, Handschrift Nr. 50 (S. 401).
Pergament – 536 Seiten – 26 × 20,5 cm – Kloster St. Gallen –
3. Viertel des 9. Jahrhunderts – www.cesg.unifr.ch.

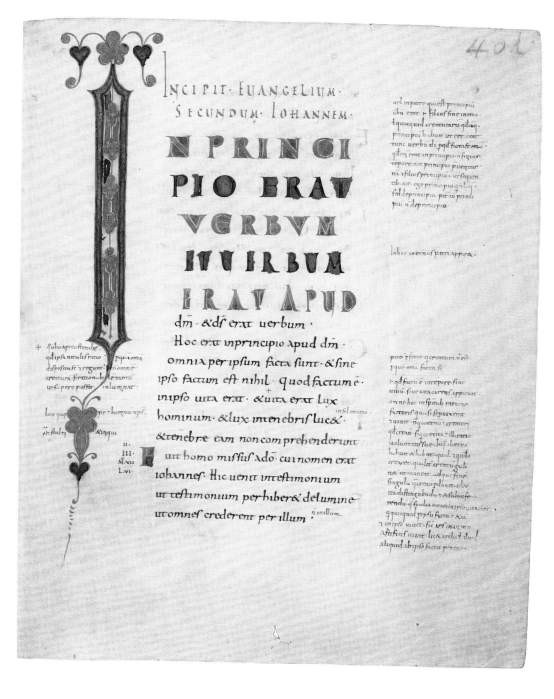

INCIPIT· EUANGELIUM·
SECUNDUM· IOHANNEM·

IN PRINCI
PIO ERAT
VERBVM
ITVIRBUM
ERAT APUD

dm̄· &df erat uerbum·
Hoc erat inprincipio apud dm̄
omnia per ipfum facta funt· &fine
ipfo factum eft nihil· quod factum ē·
inipfo uita erat· &uita erat lux
hominum· &lux intenebrif lucet·
&tenebre eam non comprehenderunt
uit homo miffuf adō· cui nomen erat
iohannef· Hic uenit intestimonium
ut testimonium perhibereꞇ delumine
utomnef crederent perillum·

Ein prächtiges Evangelienbuch, gestiftet von einer vornehmen Frau namens Gundis

Eine der glanzvollsten Handschriften der Stiftsbibliothek ist das von Gundis gestiftete Evangelienbuch. Es ist ein Evangelistar, d. h., es enthält die Textabschnitte (Perikopen) der Evangelien, die für die Lesung im feierlichen Gottesdienst an Festtagen bestimmt waren, geordnet nach dem Kirchenjahr, beginnend mit Weihnachten und endend mit Mariä Empfängnis (8. Dezember). Dazu kommen Evangelien-Lesungen an Apostel-, Märtyrer- und Bekennerfesten sowie am Kirchweihfest, das in St. Gallen am 17. Oktober, dem Tag nach dem Fest des heiligen Gallus, gefeiert wurde.

Der Codex ist in einen mit roter Seide überspannten Einband gehüllt. Auf dem Vorderdeckel war früher ein goldgewirkter Brokatstreifen mit der weissen, blau geränderten Aufschrift *GVNDIS* aufgeklebt. Wohl um Beschädigungen vorzubeugen, brachte man später diesen Streifen auf dem vorderen Innendeckel an. Der Name Gundis nennt wahrscheinlich die Stifterin dieses kostbaren und auch kostspieligen Manuskripts, eine weiter nicht bekannte Frau. Der Codex aus der Blütezeit des Klosters St. Gallen um 900, zur Zeit von Abtbischof Salomon (890–920), zeichnet sich vor allem durch die Qualität und Vielfalt der mehr als 120 kleineren und grösseren Initialen aus. Sie sind mit prächtigen Ranken-, Blätter-, Blüten-, Flechtwerk- und Tierornamenten geschmückt, auch Gold und Silber fanden reichlich Verwendung. Die Texte selbst sind mit bewundernswerter Sorgfalt und Regelmässigkeit geschrieben, in der harmonischen Schrift der für St. Gallen damals typischen sogenannten Hartmut-Minuskel. Der Hauptschreiber gehört zu den Kalligraphen im Umkreis Folcharts.

Entsprechend der herausragenden Bedeutung der Auferstehung Christi als Höhepunkt des Kirchenjahrs ist die Titelseite zum Osterfest einzigartig gestaltet: Der Name *Maria* im Beginn des Osterevangeliums ist kunstvoll zu einem Monogramm in Gold und Silber zusammengefasst und mit zwölf Tierköpfen und vegetabilem Rankenwerk durchsetzt (S. 55). Wie die Zierseiten zu den Hochfesten ist auch die hier abgebildete Titelseite des Buches am Beginn des Weihnachtsfestkreises harmonisch durchkomponiert und feingliedrig gestaltet (S. 4): Die I-Initiale in Gold, Silber, Minium, Schwarz und Grün überragt den Schriftspiegel und füllt fast die ganze Länge der Seite. Der Titel selbst *In nomine Domini. In hoc libellulo continentur lectiones Evangelii, diebus festis recitandae* («Im Namen des Herrn. In diesem kleinen Buch sind die Evangelienlesungen enthalten, die an den Festtagen vorzutragen sind») ist in fortlaufenden Zeilen in feierlicher Kapitalis abwechselnd in Gold und Silber geschrieben. Das Gundis-Evangelistar gehört zu den grossartigsten Werken spätkarolingischer Initialkunst.

St. Gallen, Stiftsbibliothek, Handschrift Nr. 54 (S. 4).
Pergament – 185 Seiten – 30,3 × 21,2 cm – Kloster St. Gallen –
gegen 900 – www.cesg.unifr.ch.

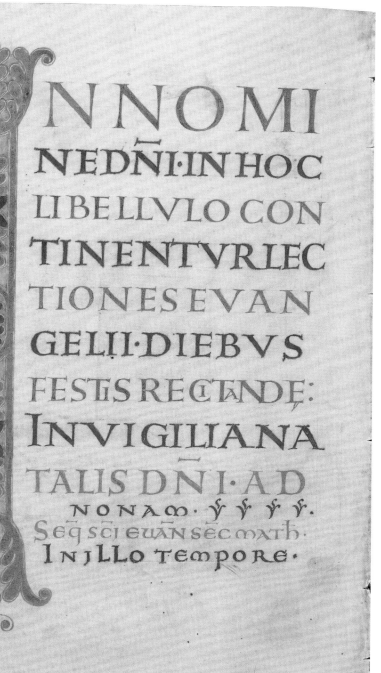

IN NOMI
NE DÑI·IN HOC
LI BELLVLO CON
TINENTVR LEC
TIONES EVAN
GELII·DIEBVS
FESTIS RECITANDĘ:
INVIGILIANA
TALIS DÑI·A D
NONAM· ꝯ ꝯ ꝯ·
Seꝗ sci euāñ sēc math·
In jLLo Tempore·

Der Apostel Paulus predigt den Juden und Heiden

Neben den vier Evangelien und den 150 Psalmen bilden die Briefe des Apostels Paulus das am häufigsten abgeschriebene und am meisten verwendete Korpus biblischer Bücher. Bereits Winithar, der erste namentlich bekannte Bibelforscher im Kloster St. Gallen (siehe oben S. 22), erstellte Abschriften des Corpus Paulinum und setzte sich kommentierend damit auseinander. Unter den zahlreichen Abschriften des Briefkorpus, die sich in der Stiftsbibliothek erhalten haben, ragt jene aus dem dritten Viertel des 9. Jahrhunderts hervor, die ein Bild des predigenden Völkerapostels enthält. Dies ist die älteste Darstellung eines Predigers in den Handschriften der Stiftsbibliothek.

Die Federzeichnung von hoher Qualität befindet sich zwischen der einleitenden Hieronymus-Vorrede und dem Beginn des Römerbriefs (auf der hier abgebildeten Seite 12). Paulus predigt den Juden und Heiden, wie die Beischrift *IVDEI ET GENTES* sagt. Der Apostel ist in der rechten Bildhälfte auf einem Podest stehend dargestellt. Er hält die rechte Hand im Redegestus erhoben und in der linken ein Buch, wohl das Evangelium, auf das er seine Lehrautorität gründet. Im grossen Nimbus ist *PAVLVS* eingeschrieben. Eine kleiner gezeichnete, kompakte Gruppe von neun Personen wird von heftig gestikulierenden Zuhörern gebildet, die in offensichtlicher Aufregung zum Apostel aufblicken.

Den Beginn der einzelnen Paulusbriefe zieren schöne Initialen. Der Haupttext hat im 11. Jahrhundert Interlinearglossen in Hexametern und fein geschriebene Randnotizen mit Verweisen auf die Kirchenväter erhalten. Den diese Randglossen mehrfach signierenden *Herimannus* brachte Bernhard Bischoff mit Hermann dem Lahmen von der Reichenau (1013–1054) in Verbindung. Walter Berschin dagegen möchte in ihrem Verfasser und Schreiber eher den gleichnamigen St. Galler Mönch, der um 1075 als Autor der jüngeren *Vita Wiboradae* erscheint, sehen. Von diesem wissen wir, dass er theologisch interessiert war. Die Handschrift ist ein «ausserordentliches Zeugnis der literarischen und künstlerischen Tätigkeit St. Gallens im 9., aber auch im 11. Jahrhundert» (Anton von Euw).

St. Gallen, Stiftsbibliothek, Handschrift Nr. 64 (S. 12).
Pergament – 418 Seiten – 21,4 × 16,7 cm – Kloster St. Gallen –
3. Viertel des 9. Jahrhunderts – www.cesg.unifr.ch.

Das Wort in fremden Zungen:
Nichtlateinische Bibelhandschriften

Die Sprache der Kirche und die Sprache der Bibel war im Mittelalter – und darüber hinaus bis weit in die Neuzeit hinein – das Latein. Und da die Schriftlichkeit überwiegend in den Händen von Klerikern lag, war auch die von ihnen verwendete Schriftsprache fast ausschliesslich das Latein. Dieses wird daher auch als «Vatersprache» des mittelalterlichen Europa bezeichnet. Die Mönche und schon die Klosterschüler wuchsen in den Lebensraum des Lateins hinein. In der Liturgie und im Textstudium wurde die Bibel seit der Karolingerzeit in der lateinischen Übersetzung des Kirchenvaters Hieronymus, der Vulgata genannten Fassung, verwendet. Dennoch waren sich die Bibelgelehrten bewusst, dass das Neue Testament und, durch die Übersetzung der Septuaginta, auch das Alte Testament auf der griechischen Fassung als der authentischen Bibelsprache beruhten.

In St. Gallen wurde die Beschäftigung mit dem griechischen Urtext in der Mitte des 9. Jahrhunderts durch irische Gelehrte eingeführt. Diese brachten griechisch-lateinische «Bilinguen» der Psalmen, der Evangelien und der Paulusbriefe, d. h. zweisprachige Bibelausgaben mit dem griechischen Text als Haupttext und lateinischer Interlinearversion, mit. In der Bibliothek bewahrt geblieben und ausgestellt ist die Ausgabe mit den vier Evangelien (Cod. Sang. 48). Von ihren irischen Schulmeistern initiiert, beschäftigten sich auch St. Galler Mönche der nachfolgenden Generation im Umkreis von Notker Balbulus mit dem griechischen Bibeltext. Sie legten nun zweispaltig angeordnete «Bilinguen» der Psalmen und möglicherweise auch anderer biblischer Bücher wie der Katholischen Briefe an. Vorgestellt wird eine «Bilingue» mit der dritten Triade des Psalters (Cod. Sang. 17).

Für die Verkündigung der Frohbotschaft unter den Heiden waren Übersetzungen der Bibel in die Volkssprache und entsprechende Hilfsmittel für die Verständigung unentbehrlich. Als ein solches Hilfsmittel hat sich in der Stiftsbibliothek der *Abrogans* (Cod. Sang. 911) erhalten, das älteste deutsche Buch aus der Zeit um 790, ein lateinisch-althochdeutsches Wörterbuch, das *glosae ex vetero testamento* («Worterklärungen zum Alten Testament») enthält (nicht ausgestellt). Ein grossangelegtes Unternehmen zur Übersetzung des Evangeliums in die Volkssprache der Deutschen wurde ein halbes Jahrhundert später in Fulda mit der zweisprachigen Evangelienharmonie des «Althochdeutschen Tatian» (Cod. Sang. 56) durchgeführt, dem umfangreichsten Prosatext des deutschen Frühmittelalters vor Notker dem Deutschen. Dieser hatte zwei Jahrhunderte später nicht die Heiden im Visier, als er den Psalter übersetzte und kommentierte (Cod. Sang. 21), sondern er wollte damit seinen Schülern in der Klosterschule eine Hilfe bieten. Ausserhalb des abendländischen und mittelalterlichen Kulturkreises befindet sich die jüngste in dieser Vitrine gezeigte Handschrift, ein Evangelienbuch für arabische Christen aus dem 18. Jahrhundert, das mit Miniaturen aus dem Leben Jesu reich geschmückt ist (Codex Pandeli).

Gelehrte Beschäftigung mit der griechischen Bibel: die Psalmen

Mit den Griechisch-Kenntnissen war es im frühmittelalterlichen Abendland nicht zum besten bestellt. Nur wenige kamen in der Kenntnis der Sprache der Hellenen über die Anfangsgründe hinaus und kannten mehr als nur das griechische Alphabet. Im Kloster St. Gallen begannen bedeutendere Griechischstudien erst, als um die Mitte des 9. Jahrhunderts zwei irische Gelehrte hier Station machten: Bischof Marcus und sein Neffe Moengal/Marcellus, die beide hier blieben und von denen der Zweitgenannte die Klosterschule zum Blühen brachte. Sie brachten aus Italien einen dreiteiligen Satz griechisch-lateinischer Bibelhandschriften ins Steinachkloster, umfassend den Psalter, die Evangelien und die Paulusbriefe; davon wird die Evangelienhandschrift heute noch hier aufbewahrt (siehe unten S. 54).

Diesem Korpus traten bald zwei weitere «Bilinguen» zur Seite, von einheimischen Schreibern geschriebene Psalterien. Diese waren nicht interlinear, sondern im älteren Stil zweispaltig angeordnet. Die eine Handschrift aus dem ausgehenden 9. Jahrhundert zeigt die griechische Kolumne in griechischen Buchstaben (Cod. Sang. 17), während die andere, etwas jüngere und nur noch fragmentarisch erhaltene den griechischen Text in lateinischer Umschrift wiedergibt (Cod. Sang. 1395, S. 336–361). Die erstgenannte, ausgestellte Handschrift besteht aus zwei selbständigen Teilen. Während der erste Teil das Matthäus- und den Beginn des Markus-Evangeliums in lateinischer Sprache umfasst (S. 3–132), enthält der zweite Teil das dritte Drittel des Psalters (Psalmen 101–150, S. 133–296). In der rechten Spalte befindet sich der in Majuskelbuchstaben geschriebene griechische, in der linken der lateinische Text, wobei dieser lückenhaft und oftmals nur stichwortartig hingeworfen erscheint; den Mönchen war er ja vom täglichen Psalmensingen her wohlbekannt. Es fehlen auch die Initialen der Psalmenanfänge in der lateinischen Fassung, für die jedoch Platz ausgespart ist. An die Psalmen schliessen sich die biblischen Cantica (S. 296–332) und andere Gebete in den zwei Sprachen an, das Te Deum (S. 332–333), das Vaterunser (S. 334), das Glaubensbekenntnis (S. 334–336) und eine auf St. Gallen zugeschnittene Allerheiligenlitanei (S. 336–341).

Als Urheber dieser «Bilingue» darf vielleicht Notker Balbulus († 912), ein Schüler des Moengal/Marcellus, gelten; von ihm wissen wir nämlich durch den Bericht Ekkeharts IV., dass er um 880 die sieben Katholischen Briefe des Neuen Testamentes auf Griechisch geschrieben habe (*Casus sancti Galli*, Kap. 46). Abgebildet sind das Ende von Psalm 142 und der Beginn von Psalm 143.

St. Gallen, Stiftsbibliothek, Handschrift Nr. 17 (S. 278).
Pergament – 342 Seiten – 24 × 18,5 cm – Kloster St. Gallen –
880/900 – www.cesg.unifr.ch.

278

t perdes omnes	ΚΑΙ ΑΠΟΛΕΙC ΠΑΝΤΑC
qui tribulant	ΤΟΥC ΘΛΙΒΟΝΤΑC
animā meā quo ego	ΤΗΝ ΨΥΧΗΝ ΜΟΥ ΟΤΙ ΕΓΩ
seruus tuus sum	ΔΟΥΛΟC CΟ ΕΙΜΗ

CXLIII.

enedictus dns ds	ΕΥΛΟΓΗΤΟC ΚΕ ΟΘC
meus qui docet	ΜΟΥ· Ο ΔΙΔΑCΚΩΝ
manus meas ad	ΤΑC ΧΕΙΡΑC ΜΟΥ ΕΙC
proelium &	ΠΑΡΑΤΑΞΙΝ ΤΟΥC
digitos meos ad bellū	ΔΑΚΤΥΛΟΥC ΜΟΥ ΕΙC ΠΟΛΕΜΟΝ
isericordia mea & refugiū	ΕΛΕΟC ΜΟΥ Κ ΚΑΤΑ ΦΥΓΗ ΜΟΥ
susceptor meus ⌐meū	ΑΝΤΗΛΗΠΤΩΡ ΜΟΥ
& liberator meus	ΚΑΙ ΡΥCΤΗC ΜΟΥ·
rotector meus	ΥΠΕΡ ΑCΠΙC ΤΙC ΜΟΥ
& inipso sperau	ΚΑΙ ΕΠ ΑΥΤΩ ΕΛΠΙΩ
qui subdis populū	Ο ΥΠΟ ΤΑCCΩΝ ΤΟΝ ΛΑΟ
meum sub me	ΜΟΥ ΥΠΕ ΜΕ
ne quid est homo	ΚΕ ΤΙC ΕCΤΙΝ ΑΝΟC
quia innotuisti	ΟΤΙ ΕΓΝΩC ΘΕΙC
ei· aut filius hominis quia	ΑΥΤΩ Η ΥΙΟC ΑΝΟΥ· ΟΤΙ
reputas eum	ΛΟΓΙΖΗ ΑΥΤΩΝ·
omo uanitati	ΑΝΟC ΜΑΤΑΙ ΟΤΙ ΤΗ

Gelehrte Beschäftigung mit der griechischen Bibel: die Evangelien

In einem Kreis von irischen Gelehrten auf dem Kontinent, vermutlich in dem von Kolumban d. J. gegründeten norditalienischen Kloster Bobbio (in den Apenninen südlich von Piacenza), entstand um 850 ein dreibändiges «Bilinguenkorpus», d. h. ein Korpus mit zweisprachig griechisch-lateinisch geschriebenem Text. Die drei Bände enthalten die den gelehrten Mönchen der Karolingerzeit vertrautesten biblischen Bücher: die 150 Psalmen des Alten Testaments, die vier Evangelien sowie die Briefe des Apostels Paulus. Der altgriechische Bibeltext bildet den Haupttext und ist in allen drei Bänden gross geschrieben. Darüber steht eine lateinische Interlinearversion in kleinerer insularer Minuskel. Die drei Bände sind, wie man annimmt, von den Iren Marcus und Moengal/Marcellus um die Mitte des 9. Jahrhunderts nach St. Gallen gebracht worden.

Zwei der drei Handschriften gingen der St. Galler Klosterbibliothek im Laufe des Mittelalters verloren. Das *Psalterium Graeco-latinum* befindet sich heute in der Universitätsbibliothek Basel (A VII 3), und die Handschrift mit dem Paulinischen Briefkorpus wird in Erinnerung an den evangelischen Theologen Christian Friedrich Börner (1683–1753), der sie in Amsterdam gekauft und später bekannt gemacht hat, als *Codex Boernerianus* (Mscr. Dresd. A.145.b) in der Sächsischen Landesbibliothek Dresden aufbewahrt. Die Stiftsbibliothek St. Gallen hütet hingegen noch das Evangeliar mit den vier Evangelien. Es stellt einen der wichtigsten, grundlegenden Texte in der griechischen Bibelüberlieferung dar (Siglen: Δ für den griechischen Text; δ für die lateinische Interlinearversion, die der Vulgata entspricht; deshalb auch der Fachbegriff «Codex Delta»).

Die künstlerische Ausstattung ist im Vergleich zum St. Galler Handschriftenbestand aussergewöhnlich. Die Anfangsbuchstaben des griechischen Textes sind jeweils farbig ausgefüllt. Zusammen mit der ausgewogenen graphischen Anlage der Schrift ergeben sie ein schönes, modern anmutendes Seiten-Layout. Wegen dieser Besonderheit wurde die Handschrift bereits im 18. Jahrhundert von Besuchern der Klosterbibliothek immer wieder erwähnt. Auf der frei gebliebenen Seite 129 zwischen dem Matthäus- und dem Markus-Evangelium findet sich das Programm eines 42-teiligen Bilderzyklus zu den Evangelien, in dem die Tituli griechisch, die Anweisungen für den Maler lateinisch gegeben sind. Dazu dürften die Schreiber ein heute verlorenes byzantinisches Evangelienbuch vor Augen gehabt haben. Abgebildet ist die Anfangsseite des Johannes-Evangeliums (S. 318).

St. Gallen, Stiftsbibliothek, Handschrift Nr. 48 (S. 318).
Pergament – 395 Seiten – 22,5 × 18,5 cm – irischer Kreis in Ober-
italien (Bobbio?) – um 850 – www.cesg.unifr.ch.

ϯ ΕΥΑΓΓΕΛΙΟΝ   ϯ ΚΑΤΑ ϯ ΙΩΑΝΝΗΝ

ΕΝ ΑΡΧΗ ΗΝ · Ο · ΛΟΓΟΣ · ΚΑΙ · Ο ΛΟΓΟΣ · ΗΝ · ΠΡΟΣ ΤΟΝ

ΘΝ · ΚΑΙ · ΘΣ · ΗΝ · Ο · ΛΟΓΟΣ · ΟΥΤΟΣ · ΗΝ · ΕΝ · ΑΡΧΗ · ΠΡΟΣ ΤΟΝ

ΘΝ · ΠΑΝΤΑ ΔΙ ΑΥΤΟΥ · ΕΓΕΝΕΤΟ · ΚΑΙ · ΧΩΡΙΣ · ΑΥΤΟΥ · ΕΓΕΝΕΤΟ

ΟΥΔΕ ΕΝ Ο ΓΕΓΟΝΕΝ · ΕΝ · ΑΥΤΩ · ΖΩΗ ΗΝ · ΚΑΙ Η ΖΩΗ · ΗΝ · ΤΟ ·

ΦΩΣ · ΤΩΝ · ΑΝΩΝ · ΚΑΙ ΤΟ · ΦΩΣ · ΕΝ · ΤΗ · ΣΚΟΤΙΑ ΦΑΙΝΕΙ

ΚΑΙ · Η · ΣΚΟΤΙΑ · ΑΥΤΟ · ΟΥ ΚΑΤΕΛΑΒΕΝ · ΕΓΕΝΕΤΟ · ΑΝΘΣ ·

ΑΠΕΣΤΑΛΜΕΝΟΣ · ΠΑΡΑ ΘΥ · Ο ΟΝΟΜΑ ΑΥΤΩ · ΙΩΑΝΝΗΣ · ΟΥΤΟΣ ·

ΗΛΘΕΝ · ΕΙΣ · ΜΑΡΤΥΡΙΑΝ · ΙΝΑ ΜΑΡΤΥΡΗΣΗ · ΠΕΡΙ · ΤΟΥ · ΦΩΤΟΣ

ΙΝΑ · ΠΑΝΤΕΣ · ΠΙΣΤΕΡΣΩΣΙΝ · ΔΙ ΑΥΤΟΥ · ΟΥΚ ΗΝ · ΕΚΕΙΝΟΣ ·

ΤΟ · ΦΩΣ · ΑΛΛ ΙΝΑ ΜΑΡΤΥΡΗΣΗ · ΠΕΡΙ ΤΟΥ ΦΩΤΟΣ · ΗΝ · ΤΟ ·

ΦΩΣ · ΤΟ ΑΛΗΘΕΙΝΟΝ · Ο · ΦΩΤΙΖΕΙ · ΠΑΝΤΑ · ΑΝΟΝ · ΕΡΧΟΜΕ

ΝΟΝ · ΕΙΣ · ΤΟΝ · ΚΟΣΜΟΝ · ΕΝ ΤΩ ΚΟΣΜΩ · ΗΝ · ΚΑΙ Ο ΚΟΣΜΟΣ

ΔΙ ΑΥΤΟΥ ΕΓΕΝΕΤΟ · ΚΑΙ · Ο · ΚΟΣΜΟΣ · ΑΥΤΟΝ · ΟΥΚ ΕΓΝΩ

ΕΙΣ · ΤΑ ΙΔΙΑ ΗΛΘΕΝ · ΚΑΙ ΟΙ ΙΔΙΟΙ · ΑΥΤΟΝ · ΟΥ ΠΑΡΕΛΑΒΟΝ

ΟΣΟΙ ΔΕ · ΕΛΑΒΟΝ · ΑΥΤΟΝ · ΕΔΩΚΕΝ · ΑΥΤΟΙΣ · ΕΞΟΥΣΙΑΝ

ΤΕΚΝΑ ΘΥ · ΓΕΝΕΣΘΑΙ ΤΟΙΣ ΠΙΣΤΕΥΟΥΣΙΝ · ΕΙΣ · ΤΟ · ΟΝΟΜΑ ·

ΑΥΤΟΥ · ΟΙ ΟΥΚ · ΕΞ ΑΙΜΑΤΩΝ · ΟΥΔΕ · ΕΚ ΘΕΛΗΜΑΤΟΣ ·

ΣΑΡΚΟΣ · ΟΥΔΕ ΕΚ ΘΕΛΗΜΑΤΟΣ · ΑΝΔΡΟΣ · ΑΛΛ ΕΚ · ΘΥ

Das älteste Evangelium in der Volkssprache der Deutschen: der «Althochdeutsche Tatian»

Der «Althochdeutsche Tatian» ist die älteste Evangelienharmonie in deutscher Sprache. Sie sollte die biblische Frohbotschaft der Bevölkerung, welche die lateinische Sprache nicht verstand, nahebringen. Der syrische Priester Tatian verfasste um 170 n. Chr. in griechischer oder syrischer Sprache eine Evangelienharmonie *(Diatessaron)*, in welcher er die Berichte der Evangelisten Matthäus, Markus und Lukas vom Leben Jesu sowie gelegentlich apokryphe Texte und die Apostelgeschichte in den chronologischen Rahmen des Johannes-Evangeliums einarbeitete. Davon gab es bereits in der Spätantike lateinische Übersetzungen. Eine Abschrift des Bischofs Victor von Capua († 554) gelangte aus dem Besitz des hl. Bonifatius († 754), der sie in Rom erworben haben dürfte, in die Bibliothek des Klosters Fulda (heute Codex Bonifatianus 1 oder «Victor-Codex» der Hessischen Landesbibliothek Fulda; 546/47).

Davon wurde in Fulda im zweiten Viertel des 9. Jahrhunderts eine Abschrift angefertigt; anschliessend wurde der Text unter Mitwirkung mehrerer Übersetzer in die althochdeutsche Sprache übertragen. Danach dürften die beiden bis dahin getrennten Versionen in eine zweispaltig angelegte lateinisch-althochdeutsche «Bilingue» zusammengeführt worden sein. Sechs Schreiber haben den lateinischen und den althochdeutschen Text Zeile für Zeile parallel und unter Beachtung genauer inhaltlicher Entsprechung von linker und rechter Spaltenzeile eingetragen. Dabei war es teilweise schwierig, die genaue Übereinstimmung zwischen lateinischem und deutschem Text zu erreichen. Dieser ist daher eher als Interlinearversion denn als selbständige Übersetzung gestaltet. Leiter des ganzen Unternehmens war vermutlich Hrabanus Maurus († 856). Kurze Zeit nach seiner Fertigstellung muss der «Althochdeutsche Tatian» nach St. Gallen gelangt sein, wohl unter Abt Grimald (841–872) und dessen Stellvertreter und späterem Abt Hartmut (872–883). Es dürfte sich um eine St. Galler Auftragsarbeit gehandelt haben; denn unter Hartmut wurden im Kloster St. Gallen intensive bibelphilologische Studien betrieben (siehe Vitrine 3).

Die deutsche Übertragung in der rechten Spalte (mit etwa 2030 verschiedenen Wörtern) stellt den umfangreichsten Prosatext des deutschen Frühmittelalters vor dem Übersetzungswerk Notkers des Deutschen (siehe unten S. 58) dar. Abgefasst in einem altostfränkischen Schreibdialekt, wurde die St. Galler «Tatian-Bilingue» im 19. Jahrhundert zur Grundlage der althochdeutschen Grammatik. Der Codex ist schmucklos gehalten; nur ganz vorne wird die Handschrift durch Kanontafeln eingeleitet, in welche die Konkordanzzahlen zu den einzelnen Evangelien eingetragen sind (S. 3–18). Abgebildet ist der Beginn der Evangelienharmonie mit *In principio erat verbum et verbum erat apud Deum et Deus erat verbum* (Io 1, 1; S. 25, Z. 16–18), auf Althochdeutsch: *In anaginne uuas uuort inti thaz uuort uuas mit gote inti got selbo uuas thaz uuort.*

St. Gallen, Stiftsbibliothek, Handschrift Nr. 56 (S. 25).
Pergament – 342 Seiten – 34 × 26 cm – Kloster Fulda – 2. Viertel
des 9. Jahrhunderts – www.cesg.unifr.ch.

Quoniam quidem multi
conati sunt ordinare
narrationem quae in nobis
completae sunt rerum
sicut tradiderunt nobis
qui ab initio
ipsi uiderunt & ministri
fuerunt sermonis,
uisum est & mihi assecuto
a principio omnibus diligenter
ex ordine tibi scribere
optime theophile
ut cognoscas eorum
uerborum de quibus
eruditis ueritatem,

In principio erat uerbum
& uerbum erat apud dm
& ds erat uerbum,
hoc erat in principio
apud dm. Omnia per ipsum
facta sunt. & sine ipso
factum est nihil;
quod factum est.
In ipso uita erat;
& uita erat lux hominum.
& lux in tenebris
lucet. & tenebrae
eam non comprehenderunt.

Fuit in diebus herodis regis
Iudee quidam sacerdos
nomine zacharias
de uice abia.

bi thiu uuanta manage
zilotun ordinon
saga thio In uns
gifulta sint rahhono
to uns seltun
thie thar fon anaginne
selbon gisahun Inti ambahta
uuarun uuortes,
uuas mir gisehan gifolgentemo
fon anaginne allem gern lihho
after antreitu thir scriben
thu bezzisto theophile
thaz thu forstantes thero
uuorto fon them
thu gilerit bist uuar,

In anaginne uuas uuort
Inti thaz uuort uuas mit gote
Inti got selbo uuas thaz uuort.
thaz uuas In anaginne
mit gote, Alliu thuruh thaz
uuardun gitan. Inti uzzan sin
ni uuas uuiht gitaner,
thaz thar gitan uuas
thaz uuas In imo lib;
Inti thaz lib uuas lioht manno.
Inti thaz lioht In finstarnessin
liuhta. Inti finstarnessi
thaz nibigriffun,

uuas Intagun herodes ther cuninger
Iudeno sumer biscof
namen zacharias
fon themo uuehside abiasen

Der althochdeutsche Psalter Notkers des Deutschen

Notker III. (um 950–1022), wegen seiner dicken Lippen Labeo und wegen seiner Leistungen in der Volkssprache auch Teutonicus («der Deutsche») genannt, war über St. Gallen hinaus einer der bedeutendsten Lehrer und Gelehrten in ottonischer Zeit. Sein Schüler Ekkehart IV. rühmt ihn in seinem *Liber Benedictionum*, Notker habe *teutonice propter caritatem discipulorum plures libros exponens* («aus Liebe zu seinen Schülern mehrere Bücher ausgelegt»), schwer verständliche lateinische Schultexte wie den *Trost der Philosophie* des Boethius, aber auch *Davidis dicta*, also die Psalmen. Der Psalter war nicht nur der Hauptbestandteil des klösterlichen Chorgebets, schon die Schüler mussten im Unterricht einzelne lateinische Psalmen auswendig und verstehen lernen. Mit seiner Übersetzung der Psalmen habe Notker diese in das vierte Sprachgefäss *(in quartum vas)* umgegossen, schreibt Ekkehart. Mit dieser bildlichen Ausdrucksweise bezeichnet er die vier Sprachgefässe der Bibel, das Hebräische des Originals, das Griechische der Septuaginta, das Lateinische der Vulgata und nun neu als viertes Gefäss die deutsche Sprache, die mit Notkers Übertragung den drei heiligen Sprachen ebenbürtig werde. Damit stellt Ekkehart den lateinisch-althochdeutschen Psalter in eine Reihe mit dem griechisch-lateinischen Psalter, der als eine der drei Bibel-«Bilinguen» anderthalb Jahrhunderte zuvor nach St. Gallen gekommen war (siehe oben S. 54).

Die älteste überlieferte Abschrift von Notkers Psalter, dem umfangreichsten althochdeutschen Text, der erhalten geblieben ist, ist um 1125–1150 in Einsiedeln entstanden und kam im 16./17. Jahrhundert als Geschenk nach St. Gallen. In dem für Notker typischen Mischtext sind die lateinische Vorlage – Teilsatz für Teilsatz – in roter, die althochdeutsche Übersetzung und die erläuternden Ausdeutungen jeweils in schwarzer Tinte ausgeführt. Zur Erklärung der Psalmverse zog Notker die Psalmenkommentare der Kirchenväter, insbesondere die einschlägigen Werke von Augustinus und Hieronymus, die heute noch zum grossen Teil in der Stiftsbibliothek erhalten geblieben sind, heran. Die abgebildete Zierseite zeigt den Anfang des Werks, dessen Titel, beginnend auf der kunstvollen vorangehenden Initialenseite (S. 8), lautet: *INCIPIT TRANSLATIO BARBARICA PSALTERII NOTKERI TERTII. BEATVS VIR* / (S. 9) *QVI NON ABIIT IN CONSILIO IMPIORVM DER MÁN IST SÂLig der in dero argon rât ne gegieng* («Der Mann ist selig, der nicht im Rat der Bösen dahinging»; Ps 1, 1). Notker setzt kommentierend fort: *SO ADÂM téta, do er déro chénun râtes fólgeta uuíder Góte* («Wie Adam tat, da er dem Rat des Weibes folgte gegen Gott»).

St. Gallen, Stiftsbibliothek, Handschrift Nr. 21 (S. 9).
Pergament – 578 Seiten – 31 × 24 cm – Kloster Einsiedeln –
12. Jahrhundert – www.cesg.unifr.ch.

QVI NON ABIIT

IN CONSILIO IMPIORVM. DER MALTIS TSA
lig· der in dero argon rat ne gegieng· So ADAM teta·do
er dero chenun rates folgeta uuider gote· Et in uia peccatorum non ste
tit· Hob an dero sundigon uuege ne stuont· So er teta· Er
cham dar ana· er cham an den bretten uueg ter ze hello gat·
unde stuont tar ana· uuanda er hangta sinero geluste· Hen
gendo stuont er· Et in cathedra pestilentie non sedit· Hob an
demo suht stuole ne saz· ib meino daz er richeson ne uuolta·
uuanda diu suht sturet sie nah alle· So si adamen teta·do
er got uuolta uuerden· Pestis chit latine pecora sternens·
So pestis sih kebrettet· so ist iz pestilentia· idest late puagata
pestis· Sed in lege domini uoluntas eius· et in lege eius me
ditabitur die ac nocte· Hube der ist salig· tes uuillo an gotes
eo ist· unde der dara ana denchet· tag unde naht· Et erit tan
quam lignum· quod plantatum est secus decursus aquarum·
Unde der gediehet also uuola· so der boum· der bidemo rinnen
ten uuazzere gesezzet ist· Quod fructum suum dabit in tem
pore suo· Der zitigo sinen uuuocher gibet· Daz rinnenta
uuazzer ist gratia sancti spiritus· gnada des heiligen geistis· Den si nez
zet· ter ist pirig· poum guotero uuercho· Et folium eius non

Evangelienbuch für arabische Christen

Die Christen unter arabisch-muslimischer Herrschaft genossen im Laufe der Jahrhunderte eine recht grosse Selbständigkeit in der Ausübung ihrer Religion. In Ägypten führten sie, die dort als Kopten bezeichnet werden, die Anfänge ihres Glaubens auf den Evangelisten Markus zurück. Er soll nach der Legende der erste Bischof von Alexandrien gewesen und dort 68 n. Chr. als Märtyrer gestorben sein. Den Mittelpunkt ihrer Kirche bildete seit der Spätantike das Patriarchat von Alexandrien (im 11. Jahrhundert nach Kairo verlegt), weshalb sie auch als alexandrinische Kirche bezeichnet wird. Die islamische Eroberung Ägyptens schränkte die Entfaltung des koptischen Christentums ein, doch noch heute bilden die Kopten mit etwa zehn Prozent der Bevölkerung eine bedeutende Minderheit in Ägypten.

Der Islam als eine der mosaischen Religionen kennt wie das Judentum das im Alten Testament enthaltene Verbot, Menschen und Tiere bildlich darzustellen. Im Unterschied dazu lehnt das Christentum bildliche Darstellungen nicht generell ab. Gerade in den unter arabischer Herrschaft stehenden Patriarchaten Antiochien, Jerusalem und Alexandrien wurden Künstler gefördert, während im Byzantinischen Reich zu verschiedenen Zeiten ein generelles Bilderverbot (Ikonoklasmus) galt. Arabische Christen durften daher ihre Bibelhandschriften mit bildlichen Miniaturen schmücken. Dies macht den augenfälligen Unterschied zur islamischen Buchkunst aus; Koranhandschriften wie diejenige aus dem 17. Jahrhundert, welche die Stiftsbibliothek besitzt (Cod. Sang. 1313), sind einzig mit kalligraphischen und vegetabilen Schriftbildern geschmückt.

Eine schöne Evangelienhandschrift in arabischer Schrift aus dem 18. Jahrhundert mit vorzüglichen Illustrationen befindet sich seit 1997 als Dauerleihgabe von Joseph Pandeli in der Stiftsbibliothek. Gemäss Kolophon am Ende des Johannes-Evangeliums (S. 235) wurde die Abschrift von Ibrahim ibn Bulus ibn Dawud al-Halabi am Mittwoch, den 24. Juli 1723 julianischer Zeitrechnung, in Kairo vollendet. Dort wird auch der arabische Titel genannt: «Dies ist das heilige und reine Evangelium, das glänzende und strahlende Licht». Er stimmt mit dem Titel der Evangelienübersetzung des Maroniten Yaqub ibn Nima ad-Dibsi († 1692) und mit demjenigen der erstmals 1706 im Auftrag des melkitischen Patriarchen von Antiochien, Athanasius IV. Dabbas (1647–1724), gedruckten Ausgabe überein. Den Buchschmuck schuf im September 1745 der aus Aleppo stammende Illustrator und Ikonenmaler Girgis ibn Hananiya (Vermerk auf dem letzten beschriebenen Blatt S. 236). Neben Schriftschmuck und floralen Verzierungen im osmanischen Stil enthält das auf feinem Papier geschriebene Buch ganzseitige Darstellungen der vier Evangelisten und 41 Szenen aus dem Leben Jesu. Hier abgebildet ist die Flucht der Heiligen Familie nach Ägypten, die auf das Stadttor einer strahlend weissen Stadt zureitet; auf den roten Dächern der Stadt turnen zwei Affen herum.

St. Gallen, Stiftsbibliothek, Codex Pandeli (Depositum) (S. 12).
Papier – 236 Seiten – 29 × 21 cm – Kairo – 1723 und 1745 –
www.e-codices.ch (unter Utopia).

بشارة

Das Wort wird bearbeitet:
Auf der Bibel beruhende Texte des Hoch- und Spätmittelalters

Über das reine Bibelwort hinaus entstanden bereits in der Spätantike Kommentare und Auslegungen der Bücher der Heiligen Schrift. Die grossen Kirchenväter wie Ambrosius, Augustinus, Hieronymus oder Gregor der Grosse legten das Bibelwort aus, und durch das ganze Mittelalter hindurch interpretierten Theologen und Gelehrte die Bibeltexte, etwa Beda Venerabilis, Alkuin, Hrabanus Maurus, unbekannte St. Galler Mönche (vgl. Vitrinen 3 und 4), Bernhard von Clairvaux oder Nikolaus von Lyra. Stellvertretend dafür steht eine repräsentative Abschrift des Kommentars des Petrus Lombardus zu den Paulusbriefen (Cod. Sang. 334).

Eine andere Art der Bearbeitung der Bibel sind die Perikopenbücher oder Plenarien, die es schon im Frühmittelalter als Epistolare oder Evangelistare oder (beides in einem Band vereinigt) als Lektionare gab. Ab dem 14. Jahrhundert entstanden immer mehr auch deutschsprachige Plenarien, die für die der lateinischen Sprache unkundigen Männer und Frauen geschrieben wurden. Als Beispiel ist das im ersten Viertel des 15. Jahrhunderts zusammengestellte Perikopenbuch der «Waldmenschen» im Martinstobel unweit von St. Gallen ausgestellt.

In derselben Zeitepoche entstanden auch sogenannte Armenbibeln (Bibliae Pauperum), zuerst als Handschriften, später auch als Drucke. Es waren dies Bibeln, die hauptsächlich «vom Bild lebten», aber doch auch so viel Text enthielten, dass man ohne Lateinkenntnisse oder theologisches Wissen vieles nicht verstand. In den Armenbibeln wurde versucht, mit typologischen Bildern einen Bezug zwischen einer neutestamentlichen Begebenheit (aus dem Leben Jesu) und Heilsverheissungen des Alten Testaments zu schaffen. In der Stiftsbibliothek ist eine Biblia Pauperum als Holztafeldruck erhalten (Holztafeldruck 1).

Eine Mischung von Erzählung und Betrachtung stellt eine in den Umkreis der *Devotio moderna* einzuordnende oberdeutsche Bearbeitung des Werks *Das Leben Jesu* in Cod. Sang. 599 dar. Der Text schildert – zusammengestellt aus den vier Evangelien und der Apostelgeschichte – Leben, Leiden und Auferstehung von Jesus. In die Erzählung eingeflochten sind immer wieder Betrachtungen und Aufforderungen an die Leserin oder den Leser, sich in die Nachfolge Christi zu begeben. Auf Bibelstellen Bezug nehmende Zitate von kirchlichen Autoritäten (Kirchenväter) geben dem Text einen Hauch von Wissenschaftlichkeit.

Noch weiter weg vom reinen Bibeltext begibt sich das *St. Galler Spiel von der Kindheit Jesu*, das St. Galler Weihnachtsspiel (Cod. Sang. 966). Der Verfasser, wahrscheinlich ein breit gebildeter Mönch, schuf in dichterischer Freiheit, eng an die höfisch-ritterliche Welt angelehnt und unter Verwendung der Evangelien, von Weissagungen der Propheten des Alten Testaments, von apokryphen Evangelien, der *Legenda aurea* und weiterer Texte um 1270/80 dieses älteste Weihnachtsspiel in deutscher Sprache.

Der Kommentar des Petrus Lombardus zu den Paulusbriefen

Unter Abt Hartmut war ein für St. Gallen verbindlicher Bibeltext hergestellt worden und lag nun in einer gut lesbaren mehrbändigen Chorbibel vor (hierzu siehe oben S. 30). In den folgenden Jahrhunderten verlagerte sich der Schwerpunkt vom Bibeltext zur Bibelkommentierung. Dabei wurden Bibelkommentare nicht nur im Skriptorium des Klosters St. Gallen abgeschrieben, sondern auch von auswärts importiert. Eine solche importierte Handschrift ist der Paulus-Kommentar des Petrus Lombardus (1095/1100–1160). Der grossformatige Codex kam spätestens im 15. Jahrhundert nach St. Gallen; im Bibliothekskatalog von 1461 ist er bereits verzeichnet, allerdings dort fälschlich unter dem Namen des Petrus von Tarentaise, des späteren Papstes Innozenz V. (1276).

Der Kommentar ist zweispaltig angelegt: Der Bibeltext ist in grosser Schrift auf jeder zweiten Zeile geschrieben und wird jeweils auf der äusseren Blattseite vom Kommentar begleitet, der alle Zeilen füllt. Die Spaltenbreite variiert von Seite zu Seite, je nach Länge des Kommentars. Häufig ist die Spalte für den Bibeltext so schmal, dass sie nur einem oder zwei Wörtern pro Zeile Platz bietet. Mitunter nimmt der Kommentar sogar fast die gesamte Seite ein. Zur besseren Orientierung sind die Wörter oder Sätze, die kommentiert werden, im Kommentar rot unterstrichen. Am Rand stehen in abgekürzter Form die von Petrus Lombardus herangezogenen Autoren, etwa die Kirchenväter Augustinus *(Ag)* und Hieronymus *(Ier)*.

Die Anfänge der Briefe (insgesamt 13) sind jeweils durch eine doppelte Initiale in Deckfarbenmalerei auf Goldgrund hervorgehoben – eine grosse für den Bibeltext und eine kleinere für den Kommentar. Sie zeigen Stilmerkmale des sogenannten «channel style», eines Stils in der Buchmalerei, der um die Wende vom 12. zum 13. Jahrhundert auf beiden Seiten des Ärmelkanals verbreitet war und von dort aus weitere Skriptorien beeinflusste. Typisch für diesen Stil sind etwa kleine weisse Löwen, welche im Rankenwerk der Initialen sitzen, oder die «blue giants» – blaue nackte Menschenfiguren, die den Stamm der Initialen bevölkern und einen Teil der Initiale stützen. Die abgebildete Initiale steht zu Beginn des Briefs an die Galater und ähnelt bis in Details der entsprechenden Initiale in einer Pariser Handschrift desselben Kommentars (Paris, Bibliothèque Nationale de France, ms. lat. 668, fol. 150ᵛ; vermutlich Nordfrankreich, 13. Jh.). Auch vier Handschriften mit den Kommentaren des Petrus Lombardus zu den Psalmen und den Paulusbriefen, die im Auftrag von Herbert Bosham wahrscheinlich zwischen 1170 und 1177 in Frankreich geschrieben und anschliessend der Bibliothek von Christ Church in Canterbury geschenkt wurden (Cambridge, Trinity College, MS. B 5 6, B 5 7 und B 5 4; Oxford, Bodleian Library, MS. Auct. E inf. 6), ähneln der St. Galler Handschrift sehr. Es darf daher angenommen werden, dass Cod. Sang. 334 in zeitlicher und räumlicher Nähe zu diesen Manuskripten entstanden ist. [F. S.]

St. Gallen, Stiftsbibliothek, Handschrift Nr. 334 (S. 249).
Pergament – 480 Seiten – 39,5 × 25,5 cm – Nordfrankreich (?) –
um 1200.

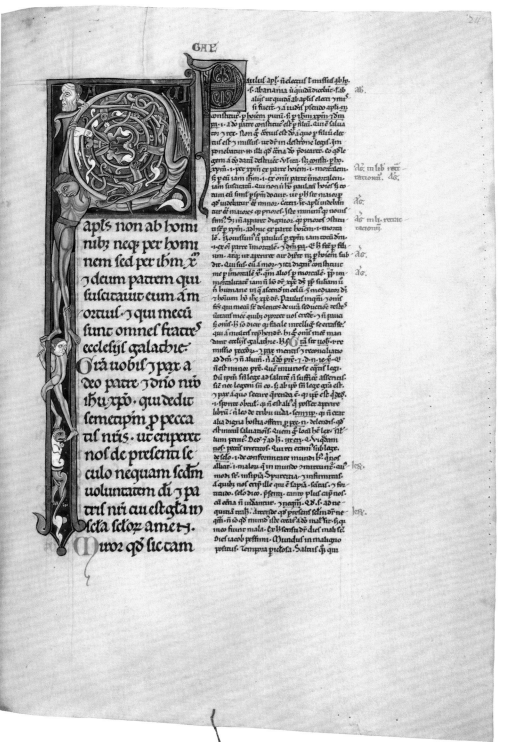

Eine lateinische Biblia pauperum als Blockbuch aus dem dritten Viertel des 15. Jahrhunderts

Parallel zum frühen Buchdruck mit beweglichen Lettern wurden in den Niederlanden und in Deutschland vor allem in der Zeit zwischen 1460 und 1480 zahlreiche sogenannte Blockbücher oder Holztafeldrucke hergestellt. Bilder und Texte wurden spiegelverkehrt in eine Holztafel geschnitten und anschliessend einseitig auf Papier abgerieben. Optisch ist dabei in der Regel das Bild gegenüber dem Text dominierend; es besteht jedoch ein enger Zusammenhang zwischen bildlicher Darstellung und erläuterndem Text.

Das Biblia-Pauperum-Exemplar der Stiftsbibliothek St. Gallen ist eines von vier Blockbüchern mit unterschiedlichen Texten, die hier überliefert sind. Es gehört mit fünf weiteren Exemplaren zur Druckvariante I. Insgesamt ermittelte die Gutenberg-Gesellschaft 1991 128 Exemplare von lateinischen und deutschen Biblia-Pauperum-Blockbüchern (in zehn verschiedenen Varianten). Die Biblia Pauperum war damit das meistverbreitete Blockbuch des Spätmittelalters. Das Exemplar der Stiftsbibliothek ist unkoloriert; biweilen hat ein Rubrikator jedoch Feuerflammen, Blutstropfen oder Lippen rot betupft und einige Textstellen unterstrichen. Das St. Galler Exemplar war im Besitz des Wandermönchs Gall Kemli († 1481?); dessen charakteristische Hand brachte vereinzelt biblische Personennamen und anderweitige Kommentare an.

In einer festgelegten Bildabfolge zeigen die einzelnen Seiten jeweils eine Szene aus dem Leben Jesu, der alttestamentliche Motive gegenüberstehen. Damit sollte verdeutlicht werden, dass sich im Neuen Testament die Weissagungen des Alten Testaments erfüllt haben. Mit szenischen Darstellungen, Spruchbändern, erklärenden Beschriften und prägnanten Tituli versuchte man, den theologischen Sinn der Bilderfolge zu erklären.

Die Holztafeldrucke waren nicht – wie der Name «Armenbibel» eigentlich vermuten lässt – für arme Leute bestimmt. Sie setzten Lesefähigkeiten, einige Lateinkenntnisse und eine gewisse theologische Bildung voraus. Die Biblia-Pauperum-Drucke befanden sich häufig im Besitz von Scholaren und wenig begüterten Klerikern und dienten diesen wohl als Hilfsmittel für Lehre und Predigt.

Durch eine kunstvolle Architektur ist jedes der vierzig Blätter in drei Stockwerke gegliedert. Auf der Abbildung rechts ist die Auferweckung des Lazarus durch Jesus im Zentrum platziert, erläutert unten durch den Text: *Per te fit criste redivivus lazarus iste* («Durch Dich, Christus, wird dieser Lazarus wieder lebendig»). Links und rechts davon sind zwei gleichartige Ereignisse aus dem Alten Testament dargestellt. Links erweckt der Prophet Elias den toten Sohn der Witwe Sarepta zum Leben, rechts führt sein Jünger Elisäus den Sohn einer Sunamiterin zum Leben zurück. Unten und oben treten je zwei Propheten auf, deren Weissagungen zum Leben Jesu auf Spruchbändern festgehalten sind.

St. Gallen, Stiftsbibliothek, Holztafeldruck 1 (Bandsignatur: BB links IV 9; S. 11). Papier, einseitig bedruckt, je zwei Blätter zusammengeklebt – 40 Seiten – 26,5 × 20 cm – wohl Niederlande – um 1463/65.

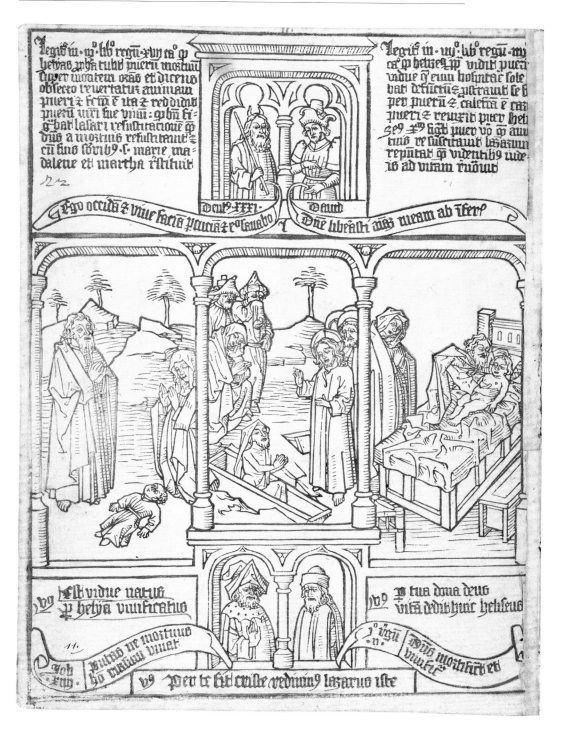

Das Leben Jesu in deutscher Sprache – paraphrasierte Evangelientexte aus dem Spätmittelalter

Ein theologisches Grundinteresse des 15. Jahrhunderts war die «Kunst der systematischen Seelenführung» (Kurt Ruh). Der Cod. Sang. 599 enthält einen der Gebrauchstexte, die sich zum Ziel gesetzt hatten, *ungelerten lutten und laijen* (219ʳ), also all jenen, die kein Latein verstanden, eine solche Anleitung anzubieten. Texte, die sich mit dem Leben Jesu auseinandersetzen, wurden im Umkreis der *Devotio moderna* vielfältig zu neuen Leitfäden der Andacht kompiliert. Zwei von ihnen, die pseudo-bonaventurischen *Meditationes vitae Christi* und die *Vita Christi* des Ludolf von Sachsen, sind eng mit dem lateinischen Werk verwandt, das um 1400 wohl zuerst im niederländischen Raum in die Volkssprache übertragen wurde und das hier in einer selteneren oberdeutschen Bearbeitung überliefert ist. Die Handschrift, am 9. Januar 1467 durch einen sonst unbekannten Schreiber namens Rudolf Wirt fertiggestellt, gelangte um 1780 aus dem Benediktinerinnenkloster St. Wiborada in St. Georgen oberhalb von St. Gallen in die Klosterbibliothek.

Der Text schildert in schlichter, eindringlicher und emotionaler Sprache Leben, Passion und Auferstehung Jesu. Begleitet wird die Erzählung durch Aufforderungen an den Leser, sich in die Nachfolge Christi zu stellen. *Lis und bedenke* – mit solch zweifachem Appell beginnt beinahe jedes Kapitel. Ein gewisser theologischer Anspruch fehlt nicht: Kirchenväter und -lehrer werden zitiert und die Zitate im Text kenntlich gemacht. Vor allem jedoch besteht die Schilderung des Lebens Jesu aus paraphrasierten Bibelstellen. Das Beispiel einer bekannten Stelle verdeutlicht, wie Übersetzung und Verortung im Heilsgeschehen wie auch in der zeitgenössischen theologisch-kirchlichen Realität miteinander einhergehen: *So sagt unser her sant peter, das er im enpfollen wolt … die schlüssel der hailigen kirchen und cristenhait* (87ʳ). Der eigentlichen Lebensbeschreibung Jesu folgt eine praktische Anleitung, die jedem Wochentag eine Textportion zuweist. *So vindest du lieber mensch, wie du das leben Jesu und liden tallen* [teilen] *solst.* «Teilen» kann hier nicht nur auf das tägliche Andachtsprogramm, sondern auch auf die Verwendung als Vorlesetext verweisen.

Dazu scheint auch die Gestaltung geeignet: Im fortlaufenden Text werden Sinneinheiten durch kleinere Rubrizierungen markiert, Zitate aber nicht optisch, sondern mit sprachlichen Mitteln ausgewiesen. Zwanzig Initialen sind, anders als in Abschriften der lateinischen Vorlagen, zusätzlich mit Federzeichnungen versehen, die besonders Passion und Auferstehung illustrieren. Auch sie dienen der direkten Seelenführung der Gläubigen des 15. Jahrhunderts, etwa mit den die Pilgerstätten im Heiligen Land widerspiegelnden Grabes- und Himmelfahrtsillustrationen. Die kleine N-Initiale zeigt die drei Marien und den Engel am Ostermorgen am leeren Grab Christi. [M. B.]

St. Gallen, Stiftsbibliothek, Handschrift Nr. 599 (S. 394).
Papier – 466 Seiten – 30 × 21 cm – Rudolf Wirt –
9. Januar 1467.

mit an die wort des engels und erschraken gar vast der
maßen ser und botte sich und und gieng mit großen
süftze wider und in die statt zu den aposteln und lieben
jungern Christi. Und saitet jnen das der lichnam Christi ir
hertze lieben herren und maister were uß dem grab genome
und enweg getrage was si dar mit sünde hettent
und betrübet sich gar übel das sy jn also verlore hattend

Hie liß und betracht wie die drij marien jm süchtent
bis by dem grab mit der selben und nit funden und wid
in die statt gienget und es den aposteln und junger Christi
sagte Und petrus und johannes wider mit jne zu
dem grab gienget.

Du maht liebe mensch wie es nu dar nach
ergieng Als nu die drij vorgenanten maria
von dem hilige grab kamet zu den aposteln
und jung gottes und jnen gesaget hattent
das der lichnam unsers lieben herren Christi jre
uß dem grab genome wer Do hübet
sich sant peter und sant johannes uff und lieffent mit einandere
zu den grab Christi jre O liebe mensch nu sich zu wie
der gut alt man sant peter ein fürst der priesterschaft
so begirlichen lieffet Und der lieb herre junge und evange-
list sant johanns mit jme Doch sich zu wie maria mag-
dalena und die andere frauwe maria salome und maria
jacoby Das so bald ersihet und wid umb mit jne als
so schnellecklich lieffet zu dem hilige grab unsers alder
Christi jre Ach wie sy sich schmützet und ir klaid uffgehebt
und wie begirliche sy lieffent mit großem ijle und mer

Das *Evangeli- und Epistel-Buoch* der geistlichen Menschen im Martinstobel

Die Stiftsbibliothek St. Gallen ist im Besitz von vier handschriftlichen Perikopenbüchern in deutscher Sprache aus dem 15. Jahrhundert, die im Kloster und in dessen Umgebung zur Lesung gebraucht wurden. Cod. Sang. 363 stammt aus dem Dominikanerinnenkloster St. Katharina in St. Gallen. Cod. Sang. 364 diente den Laienbrüdern im Brüderhaus des Klosters St. Gallen als Lektüre, Cod. Sang. 366, im letzten Viertel des 15. Jahrhunderts wohl im Raum Ulm geschrieben, wurde zwischen 1482 und 1522 in der Buchbinderei des Klosters St. Gallen gebunden und trägt einen Besitzeintrag des Klosters Maria Hilf in Altstätten aus dem 17. Jahrhundert. Cod. Sang. 373 schliesslich diente einer geistlichen Gemeinschaft im Martinstobel, etwas östlich von St. Gallen, zur täglichen Erbauung.

Über diese Gemeinschaft weiss man mit Ausnahme von einigen Informationen in dieser Handschrift praktisch nichts. Ganz vorne (S. A) und ganz hinten im Band (S. 602) finden sich Besitzeinträge: *Dis Buoch gehört in martis tobel den gaistlichen mentschen. Wer es vind, der sol es in wider antwurten* und *Es ist ze wissind, das dis buoch gehört in martis tobel, allen gaistlichen menschen, die da wonand oder dar künftig sind ...* Da andere Dokumente über diese Gemeinschaft in einer Waldklause im Tal der Goldach völlig fehlen, ist man sich nicht einmal im Klaren, ob diese Gemeinschaft aus Männern oder Frauen bestand. Da die Gemeinschaft offenbar bald zerfiel, gelangte der Band später ins Benediktinerinnenkloster St. Georgen. Von dort kam er um 1780 in die Klosterbibliothek von St. Gallen.

An der Niederschrift der Texte waren mehrere Hände beteiligt. Von zwei von ihnen, den beiden Hauptschreibern, kennt man die Namen. Der Schreiber des ersten, auf 1425 zu datierenden Teils war gemäss dem (hier abgebildeten) Kolophon der aus einer angesehenen Stadtsanktgaller Familie stammende Johannes Hertenstein, der Mitglied der Mönchsgemeinschaft des Klosters St. Gallen war und sich bisweilen als Auftrags-Schreiber betätigte. Der zweite Schreiber nennt sich und das Datum seiner Arbeit auf Seite 600: Heinrich Brunner aus Biessenhofen bei Amriswil im heutigen Kanton Thurgau schrieb wesentliche Teile im Jahr 1405. Carsten Kottmann vermutet, dass er vielleicht Mitglied dieser Gemeinschaft von *gaistlichen menschen* war (S. 161).

Die Handschrift enthält vorne (S. 1–202) die Epistel- und Evangelienlesungen des *Proprium de sanctis*, des *Commune sanctorum* sowie von Wochen- und Votivmessen. Im zweiten Teil (S. 203–565) folgen die Epistel- und Evangelienperikopen der Sonn-, Fest- und Wochentage rund ums Kirchenjahr, vom ersten Sonntag im Advent bis zum 25. Sonntag nach Trinitatis. Ergänzend finden sich im Band ein spirituell-erbaulicher Text von Marquard von Lindau († 1392; *Auszug der Kinder Israels*) und ein deutsches Gebet.

St. Gallen, Stiftsbibliothek, Handschrift Nr. 373 (S. 202).
Papier – 602 Seiten – 22 × 15 cm – St. Gallen – 1405/1425.

den une den vnglöbigen Aber der
knecht bekenner den willen deʒ hrē
vū fich vor beraittet vū nit hat
getan wirdeklich vſwendig ſines
willen der ſol lützel plagen emph
achen Aber an ieklicher dem vil ge
ten iſt von dem wirt vil geſuchet
vū dem vil befolchñ iſt von dem
haiſchet man vil Ich bin komen
ʒe ſendū an für in die erden vū
waʒ wil ich deñ dʒ es enʒündet w
erd Aber ich han amen toff in dē
ich getoffet wird vū wie ſere
wird ich betwingen biʒ er volbr
acht wirt ⁖

Dis buch von den hailigen wᵉ
ʒū geſchriben in dem iar xlix vū
xxv iar vmb meiten mayen Gꝰ
dei p manus fris 10 hanniſ hertē
thain ordis ſti bū dicti

Das St. Galler Weihnachtsspiel – die Ereignisse um die Geburt Jesu als höfisch-ritterliches Theaterstück

Die aszetisch-mystische Sammelhandschrift Cod. Sang. 966 der Stiftsbibliothek St. Gallen wurde um die Mitte des 15. Jahrhunderts an einem nicht näher bekannten Ort in der Deutschschweiz in einer recht gut lesbaren Bastarda-Schrift geschrieben. Sie enthält beispielsweise Predigten von Meister Eckhart (um 1260–1328) oder von Berthold von Regensburg (13. Jh.), eine textgeschichtlich wichtige Fassung des Werks *De Nabuchodonosor* des Marquard von Lindau sowie zahlreiche weitere Texte in deutscher Sprache. Auf den Seiten 129 bis 169 findet sich darin auch, von der Überschrift *Hie vint man die prophecien und die propheten sprüch von der geburd ihesu christi* unspektakulär eingeleitet, das sogenannte *St. Galler Spiel von der Kindheit Jesu*. Dieses ist in Fachkreisen auch unter dem Titel *St. Galler Weihnachtsspiel* bekannt. Stilistisch und textlich ist das St. Galler Weihnachtsspiel mit dem Osterspiel von Muri AG aus der Mitte des 13. Jahrhunderts verwandt; zeitlich dürfte das Weihnachtsspiel etwas später, vielleicht um 1270/80, entstanden sein. Der Text ist singulär in dieser Handschrift, die sich bis 1780 im Benediktinerinnenkloster St. Georgen oberhalb von St. Gallen befand, überliefert.

Dieses älteste Weihnachtsspiel in deutscher Sprache besteht aus insgesamt 1081 gereimten Versen und kurzen in roter Tinte ausgeführten Rollenanweisungen und Zwischentiteln und berichtet in einer feierlichen Sprache über die Geschehnisse rund um die Geburt Jesu. Zu Beginn treten acht Propheten auf, die den Erlöser ankündigen. Die folgenden Texte erzählen, in ihren Strängen den Evangelien entnommen, aber in dichterischer Freiheit umgeformt, in Form von Dialogen die Vermählung von Maria und Joseph, die Verkündigung an Maria, den Besuch bei ihrer Base Elisabeth, die Beschwichtigung von Josephs Argwohn, die Geburt Jesu, die Verkündigung an die Hirten und ihre Anbetung, die Huldigung Marias durch die Töchter Zion, die Suche der drei Könige nach dem Neugeborenen und ihren (hier abgebildeten) Besuch bei Herodes, die Anbetung des Kindes in Bethlehem, den Wutanfall und den Kindermord des Herodes, die Flucht nach und schliesslich die Heimkehr aus Ägypten. Nicht weniger als 35 Rollen waren vorgesehen. Dass der Kontakt der Heiligen Drei Könige mit König Herodes sowie dessen Überlegungen umfangmässig überdimensioniert dargestellt sind, legt die Vermutung nahe, dass das Weihnachtsspiel in enger Beziehung zur höfisch-ritterlichen Kultur steht.

Der Verfasser, vielleicht ein breit gebildeter Mönch, kannte von Grund auf die Texte der Heiligen Schrift, das Alte und das Neue Testament, die apokryphen Evangelien, die *Legenda Aurea* des Jacobus von Voragine und dazu zahlreiche Hymnen und Antiphonen der zeitgenössischen Liturgie. Psychologisch geschickt, souverän und mit grosser Sprachkraft ging er mit seinem Stoff um und schuf so ein unschätzbares Werk.

St. Gallen, Stiftsbibliothek, Handschrift Nr. 966, S. 129–169 (S. 150).
Papier – 235 Seiten – 21,2 × 15 cm – Deutschschweiz (vermutlich St. Gallen) – 1440/50.

Vnd ermeind disi dem in not
die nim hie wenend mit schallen
das dunckt gut vns alle
Da grüsset her des die küng
Ir herren sind wilkomen
wist ich was ich möcht fromen
des welt ich flissig sin
geruchend ms es wirt nicht schin
kund mich wissen wer ir sit
vnd wär vmb ir zü diser zit
Sind her in disi gegen komen
Sagend ir mir es mag mich gefromen
Do sprach küng melchior
Err in ren grüss sy genezen
Juch sol vnlang sin verschwigen
von wannd oder wer wir sind
vnd von zü mut vns dru an kam
Das wir sirind in diss land
Har ich bin melchior genampt
der küng von arabia
das best gold vnd man ie da
das in aller welt ist
von büchen manig list
Ist in den land da er dicht
der ander schwär vnd her ist brächt
Nun sond mich min gesellen
ab ir selb wellent
Ir namen sagen vnd ir land
So gross kunst sy selber hand

Das Wort fürs Volk:
Deutschsprachige Bibeldrucke

Den Laien die gesamte Bibel in ihrer Muttersprache zugänglich zu machen, war ein zentrales Anliegen der Reformatoren wie Martin Luther und Huldrych Zwingli. Doch war Luther keineswegs der erste, der die Bibel ins Deutsche übersetzte. Vor ihm gab es in den Jahren 1466 bis 1522 bereits 18 deutsche Bibeldrucke – 14 oberdeutsche und vier niederdeutsche; sieben dieser Ausgaben befinden sich heute im Besitz der Stiftsbibliothek. Ausgestellt ist die 1483 bei Anton Koberger in Nürnberg gedruckte Bibel (Ink. Nr. 244 und 245), die neunte oberdeutsche Bibel und insgesamt der elfte deutsche Bibeldruck. Sie zeichnet sich besonders durch ihre 109 Holzschnitte aus.

Vollständige Bibeln in der Volkssprache waren der katholischen Kirche ein Dorn im Auge, ermöglichten sie doch dem Volk, die Bibel ohne Vermittlung durch Priester zu studieren. Mehrere Synoden verboten daher die Veröffentlichung volkssprachlicher Bibeln oder gestatteten sie nur unter strengen Auflagen. Unproblematisch hingegen waren Übersetzungen von Teilen der Bibel, die in liturgischem Kontext oder zur privaten Andacht verwendet werden konnten (Psalmen, Evangelien). Der Druck von deutschsprachigen Psalterien und Plenaren – Büchern mit den Evangelien- und Epistellesungen nach der Ordnung des Kirchenjahrs – wurde von der katholischen Kirche gebilligt. Als Beispiel für ein solches Plenar ist ein Augsburger Druck von Anton Sorg aus dem Jahr 1478 ausgestellt (Ink. Nr. 534).

Martin Luther begann 1521 damit, die Bibel zu übersetzen. Seine Bibelübersetzung unterscheidet sich von den älteren deutschsprachigen Fassungen dadurch, dass sie auf die griechischen und hebräischen Urtexte zurückgeht und in eleganterem Deutsch geschrieben ist. Als erster Band der Lutherbibel erschien 1522 das Neue Testament in Wittenberg. Ausgestellt ist die erste Auflage dieses Drucks, das sogenannte «Septembertestament» (A Mitte V 1). Es enthält im Buch der Offenbarung (Apokalypse) 21 Holzschnitte von Lucas Cranach mit teilweise sehr papstkritischen Darstellungen. Das «Septembertestament» und weitere Luther-Bibeln wurden im späten 18. Jahrhundert unter dem damaligen Klosterbibliothekar Johann Nepomuk Hauntinger für die Klosterbibliothek St. Gallen angeschafft.

Auch Huldrych Zwingli in Zürich sorgte für eine Übersetzung der Bibel ins Deutsche. Die Zürcher Bibel (gedruckt bei Christoffel Froschauer) ist das Ergebnis des gemeinsamen Bibelstudiums von Prädikanten, Professoren und Studenten unter der Leitung von Zwingli. Während sich die Zürcher Bibelübersetzung anfänglich noch eng an Luther anlehnte, wurde sie mit den Jahren immer eigenständiger und überholte Luther sogar bei den Bänden des Alten Testaments, die in Zürich früher vollständig gedruckt vorlagen als in Wittenberg. Ausgestellt ist ein kleinformatiges Neues Testament von 1529 aus dem Besitz des St. Galler Klosterbruders Petrus Egger (1760–1835) (A links VIII 9).

Ein illustriertes deutschsprachiges Plenar aus Augsburg von 1478

Buchdrucker aus Augsburg waren es, die als erste eine neue Gattung von deutschsprachigen Werken herausgaben, mit Holzschnitten geschmückte Evangelien- und Epistelbücher, die bisweilen mit einem Kommentar *(glosa)* versehen waren. Günther Zainer druckte 1473 ein erstes solches Plenar (auch Perikopenbuch genannt), das die nach dem Kirchenjahr geordneten Epistel- und Evangelienlesungen enthält. Er veröffentlichte zwei Plenar-Ausgaben (1473, 1474), ebenso Johann Bämler (1474, 1476). Nicht weniger als sechsmal gab die Offizin von Anton Sorg, mit etwa 180 Drucken einer der produktivsten Augsburger Drucker, ein Plenar heraus. Diese erschienen im Mai und Dezember 1478, 1480, 1481, 1483 und 1493. Die Stiftsbibliothek ist im Besitz von gleich drei Plenarien Sorgs, den beiden Ausgaben von 1478 (Ink. 534; Ink. 1531) sowie der Ausgabe von 1493 (Ink. 529).

Ausgestellt ist das älteste Plenar von Anton Sorg, das am 7. Mai 1478 gedruckt wurde. Leider ist dieses Exemplar nicht vollständig; es fehlen das Titelblatt vorne und das Blatt mit dem Kolophon zuhinterst im Buch. 57 Holzschnitte, die alle neu geschnitten, jedoch an die früheren Illustrationen Zainers und Bämlers angelehnt sind, illustrieren die Evangelientexte. Alle Holzschnitte und Initialen sind sorgfältig koloriert; die Rubriken, die Überschriften über den einzelnen Lesungen, sind individuell und künstlerisch ansprechend gestaltet. Gemäss einem handschriftlichen Eintrag (fol. 1ʳ) befand sich das Exemplar im 16. Jahrhundert im Besitz der Benediktinerinnen von St. Georgen oberhalb von St. Gallen.

Der Augsburger Wiegendruck enthält in einem ersten Teil von 146 Blättern die Epistel- und Evangelienlesungen vom ersten Adventssonntag bis zum Karsamstag. Mit Lesung und Evangelium für den Ostersonntag wird, neu wieder von Blatt 1 an foliiert, das *Proprium de tempore* auf 124 Blättern bis zum letzten Sonntag nach Pfingsten fortgeführt. Weil die Anzahl der Sonntage nach Pfingsten von Jahr zu Jahr schwankend ist, ist hinten noch eine Lesung für einen zusätzlichen Sonntag angehängt: *Ob man noch einen suntag muoss haben.* Es folgen die Lesungen für allgemeine Heiligenfeste (Apostel, Märtyrer, Bekenner, Jungfrauen etc.), ein *Proprium de sanctis* rund ums Kirchenjahr und schliesslich Lesungen für Gottesdienste zu besonderen Anlässen, etwa um Regen oder – konträr – schönes Wetter zu erbitten, oder für jene Personen, *die almosen geben.*

Der Holzschnitt illustriert das Evangelium vom vierten Sonntag nach Epiphanie. Nach einer Epistellesung aus dem Römerbrief wurde an jenem Tag im Jahr 1478 die Erzählung vom Sturm auf dem See Genezareth vorgelesen. Der im Boot schlafende Jesus wird von den besorgten Jüngern geweckt und stillt die Winde. Der Zeichner der Szene ist nicht bekannt; die Kolorierung fiel in die Verantwortlichkeit des Buchkäufers beziehungsweise -besitzers. [K. S.]

St. Gallen, Stiftsbibliothek, Inkunabel Nr. 534 (Bandsignatur A links IV 4; fol. 42ʳ). [Epistolae et evangelia (Plenarium)], Augsburg (Anton Sorg) [7. Mai 1478].

xlij·

¶ An dem vierden suntag die epiſtel
Dñica quarta poſt epiphanie epiſtola

¶ Fres Nemini quicquã debeatis niſi vt inuicē diliga
tis qui enī diligit primũ legē ꝛc ad Romanos xij·ca·

Rŭd Ir ſeind nyemãd nichez
ſchuldig·nun das jr einander
liebhabent·wer ſein nächſten
liebhat der hat erfüllet dz ge
ſetze Du ſolt aber nicht eebrü
chig ſein·du ſolt nit tödtē·du
ſolt nit ſtelē·du ſolt nit falſch
gezeügknuß reden vñ deines
nächſtē gŭt ſolt du nit begerē
vmnd ob dann kein ander gebot iſt jn diſem wort be
ſchloſſen·du ſolt liebhaben dein nächſtē als dich ſelber
wañ die lieb deines nächſtē würckt kein übel·Darüb
volkōmenheyt ds geſetz iſt die liebe·

¶ Ewangelium

¶ In illo tepore·
Aſcendente ihefu
in nauiculã ſecuti
ſunt eũ diſcipuli·
eius Mathi viij·c
¶ In der zeit ſteig
Ihefus auf jn eyn
ſchifflin vnd ſeyn
junger volgetē jm
nach·Nimmwar
ein groſſe wegŭg
iſt geſchehen jn de
mör·alſo das das
ſchifflein bedecket
ward mit dē wellen·vnd jheſus ſchlieff· Da giengen
die junger zŭ jm vnd weckten jn vnd ſprachen ·Herr

Die neunte deutsche Bibel, gedruckt 1483 in Nürnberg bei Anton Koberger

Schon vor der deutschen Bibelübersetzung von Martin Luther gab es zahlreiche Bibeldrucke in deutscher Sprache (hierzu siehe oben S. 75). Die wohl schönste unter diesen Ausgaben ist die neunte oberdeutsche Bibel, gedruckt 1483 in Nürnberg bei Anton Koberger. Koberger (um 1440–1513) unterhielt eine grosse Druckoffizin. Selbst wenn die Anzahl von 100 Gesellen und 25 Druckstöcken vielleicht Legende ist, muss der Betrieb doch beachtliche Ausmasse gehabt haben, denn Koberger produzierte im Laufe seines Lebens etwa 250 Drucke.

Die Koberger-Bibel geht textlich auf die vierte deutsche Bibel (Augsburg: Günther Zainer 1476) zurück, allerdings korrigierte Koberger den Text aufgrund der lateinischen Vulgata. Sein Text blieb bis 1518 die Grundlage für alle weiteren oberdeutschen Bibelausgaben. Koberger produzierte seine Bibel in der für damalige Zeiten sehr hohen Auflage von vermutlich 1000 bis 1500 Stück. Er druckte sie in einer eigens dafür entwickelten, eleganten Drucktype, der Schwabacher ähnlich.

Besonderes Merkmal der Koberger-Bibel sind die 109 Holzschnitte, die grossenteils wohl noch in der Druckwerkstatt von Hand koloriert wurden. Die Druckstöcke hierfür übernahm Koberger von den 1478 in Köln gedruckten niederdeutschen Bibeln. Diese waren der katholischen Zensur zum Opfer gefallen, die gegen die Verbreitung des vollständigen Bibeltextes unter Laien vorging. Koberger war an der Produktion der Kölner Bibeln finanziell beteiligt gewesen und konnte daher die Druckstöcke erwerben. Seine eigene Bibel war von der Zensur nicht betroffen – diese war regional unterschiedlich scharf und traf die niederdeutschen Bibeln stärker als die oberdeutschen Ausgaben.

Die prachtvollste Illustration begleitet den Beginn des Buches Genesis (rechts und Umschlagvorderseite). Vier konzentrische Kreise zeigen die gesamte Schöpfung. In der Mitte formt Gott Eva aus einer Rippe Adams. In der sie umgebenden Hügellandschaft sind vierbeinige Tiere (darunter auch ein Einhorn) und Vögel zu sehen. Der zweite Kreis enthält das Meer mit allerlei Meeresgetier – Fischen, Seehunden und Fabelwesen wie Nixen. Land und Meer werden vom Firmament mit Sonne, Mond und Sternen umschlossen. Ganz aussen wachen Engelscharen über die Schöpfung, und vier Winde deuten die vier Himmelsrichtungen an. Gottvater ist zuoberst ein zweites Mal zu sehen; ein Lichtstrahl, der von seinem Mund ausgeht, verbindet ihn mit seiner Schöpfung. Man kann dies als das Schöpferwort interpretieren und als Verweis auf den Beginn des Johannes-Evangeliums sehen, der im Wortlaut Kobergers heisst: *In dem Anfang was daz wort. Vnd das wort was bei got. vnd got was das wort.* Das Motiv der vier Winde ist auf dem Evangelistenbild zu Johannes wiederaufgenommen (Abbildung Umschlaginnenseite).

St. Gallen, Stiftsbibliothek, Inkunabel Nr. 244 und 245 (Bandsignaturen A rechts II 4 und 5; Bd. 1, fol. 5ʳ). Neunte deutsche Bibel («Koberger-Bibel»), Nürnberg (Anton Koberger) 1483.

Der Geschopf .V.

Hie hebt sich an.Genesis das erst buch der fünff bucher moysi. Das erst Capitel ist võ der schöppfung der werlt vnd aller creaturen. vnd von den wercken der sechs tag.

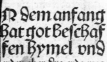

N dem anfang hat got beschaffen hymel vnd erden.aber dye erde was eytel vnd lere.vnd die vinsternus warn auff dem antlitz des abgrunds.vnd der geist gots swebet oder ward getragen auff dē waßern.Dñ got der sprach.Es werde dz liecht Dñ das liecht ist worden.vñ got sahe dz liecht das es gutt was.vnd er teylet das liecht võ der vinsternus.vnd das liecht hyeß er den tag.vnd die vinsternus die nacht.Dñ es ward abent vñ

morgen eyn tag. Vnd got der sprach.Es werde das firmament in dem mittel der waßer.vñ tayle die waßer võ dē waßern.Dñ got machet das firmament.vnd teylet die waßer.dy do waren vnder dem firmament.von dē dy do waren ob dem firmament.vnd es ist also geschehen vnd got hieß das firmament den hymel vnd es ist der abent vñ der morgē der ander tag wordē vñ got sprach aber.Es sulle gesamelt werdē dy waßer.die vnder dem hymel seynd.an eyn statt. vñ erscheyne die durre.vnd es ist also geschehē Dñ got hieß die dürre dz erdreich.Dñ dy sam nungen der waßer.hieß er die mere.vnd got sa he das es was gut.vnd sprach.Die erde gepere grunend krawt.das do bringe den samen.vnd dy öpfelbawm.dz holtz.dz do bringe dy frucht nach seym geschlecht.des same sey in ym selbs auff der erde.vnd es ist also geschehen.vnd die erd bracht grunend kraut.vnd bringenden sa

Das «Septembertestament» Martin Luthers von 1522

Während seiner Festungshaft auf der Wartburg begann Martin Luther im Dezember 1521 mit seiner Bibelübersetzung. In nur elf Wochen übersetzte er das Neue Testament. Dieses liess er in Wittenberg bei Melchior Lotter drucken; im September 1522 lag eine Auflage von etwa 3000 Exemplaren vor. Aus Vorsicht sind Übersetzer und Drucker auf dem Titelblatt nicht genannt. Die erste Auflage war bald vergriffen, so dass noch im Dezember 1522 eine zweite Auflage erschien. Zur Unterscheidung werden die beiden Drucke nach dem Monat ihres Erscheinens als «Septembertestament» und «Dezembertestament» bezeichnet.

Luthers Übersetzung des Neuen Testaments unterscheidet sich von älteren deutschen Bibelübersetzungen dadurch, dass nicht die lateinische Vulgata die Grundlage war, sondern der griechische Text. Darüber hinaus bemühte sich Luther um eine allgemein verständliche Übersetzung, die sich etwa im Satzbau nicht an der Ausgangssprache (Griechisch), sondern der Zielsprache (Deutsch) orientierte. Luther wurde vorgeworfen, er habe dabei seine Bibelinterpretation einfliessen lassen, so etwa im Römerbrief (Rm 3, 28): Luther übersetzte hier *das der mensch gerechtfertiget werde / on zu thun der werck des gesetzs / alleyn durch den glawben*. Dass er das im Griechischen nicht vorhandene «allein» ergänzte, verteidigte Luther 1530 in seinem *Sendbrief vom Dolmetschen* mit der Begründung, die deutsche Sprache erfordere zum Ausdruck eines solchen Gegensatzes ein zusätzliches «allein».

Im Unterschied zu den meisten deutschen Bibeldrucken vor Luther enthält das «Septembertestament» kaum Bilder. Dem Wort sollte der Vorzug gegeben werden, doch liess Luther zu, dass die Apokalypse – das von ihm am wenigsten geschätzte Buch des Neuen Testaments – illustriert wurde. Lucas Cranach schuf nach Vorbildern von Albrecht Dürer *(Apocalypsis cum figuris)* 21 Holzschnitte. Abgebildet ist der Holzschnitt zum 17. Kapitel der Apokalypse, die Hure Babylon auf dem siebenköpfigen Tier reitend. Deutlich zeigt sich hier die antipäpstliche Tendenz einiger Illustrationen: Die Hure Babylon trägt eine Tiara, die Papstkrone. In der zweiten Auflage wurden dieser und ein weiterer Holzschnitt entschärft, indem die Tiara entfernt wurde.

Die Stiftsbibliothek besitzt mehrere Luther-Bibeln, neben dem hier gezeigten «Septembertestament» auch die Erstausgabe des ersten Bands des Alten Testaments von 1523 und eine vollständige Bibel in vier Bänden (Frankfurt 1583). Diese Ausgaben wurden aber erst im späten 18. Jahrhundert angeschafft, wie aus dem Akzessionskatalog der Jahre 1780–1792 (Cod. Sang. 1285) hervorgeht. Die Bibel von 1583 liegt in einem durchschossenen, d. h. mit eingehefteten Blättern für Kommentare versehenen, und ausführlich kommentieren Exemplar vor, das sich im Besitz von Fürstabt Beda Angehrn (Abt 1767–1796) befand.

St. Gallen, Stiftsbibliothek, Bandsignatur A links V 1 (fol. [19ʳ]
des nicht foliierten Buchs der Apokalypse). [Martin Luther]
Das Newe Testament Deutzsch («Septembertestament»),
Wittenberg [Melchior Lotter d. J.] September 1522.

19

Johannis.

Ein kleinformatiges Neues Testament, gedruckt 1529 in Zürich

Luthers Übersetzung des Neuen Testaments, das sogenannte «Septembertestament» von 1522 (hierzu siehe oben S. 80), wurde schon wenige Monate nach seinem Erscheinen in Basel nachgedruckt. Da die ostmitteldeutsche Sprache Luthers – der sich an der sächsischen Kanzleisprache orientierte – für Schweizer Leser schwer verständlich war, wurde der Text an den alemannischen Dialekt angepasst. Ausserdem gab der Drucker Adam Petri ein oberdeutsches Glossar bei.

Petris Nachdrucke von Luthers Übersetzungen wurden die Grundlage für die ersten Zürcher Bibeleditionen (1524–1527) durch Huldrych Zwingli. Im Laufe der Jahre emanzipierten sich die Zürcher Bibelausgaben immer stärker von Luther. Die Übersetzung des Alten Testaments war sogar in Zürich schneller vollendet als in Wittenberg. Während die ersten drei Bände des Zürcher Drucks von 1525 auf einen Basler Nachdruck des Luthertextes zurückgehen, erschienen der vierte und fünfte Teil in Zürich, ehe Luther seine Übersetzung des Alten Testaments beendet hatte.

Zwingli war allerdings nicht allein für die Bibelübersetzung verantwortlich. 1525 gründete er in Zürich eine Bibelschule. In Anlehnung an Paulus' Äusserungen über die prophetische Rede im 1. Korintherbrief (1 Cor 14) nannte er sie «die Prophezei». Täglich versammelten sich die Stadtprädikanten, Professoren und Studenten, um über Fragen der Bibelexegese und -übersetzung zu diskutieren. Während man sich vormittags im Grossmünster traf und das Alte Testament besprach, wurde nachmittags im Fraumünster das Neue Testament ausgelegt. Die Erkenntnisse der «Prophezei» flossen in die Zürcher Bibelübersetzungen ein.

Zwingli arbeitete sehr eng mit dem Zürcher Drucker und Theologen Christoffel Froschauer zusammen, in dessen Offizin die Bibelübersetzungen der «Prophezei» gedruckt wurden. Für das 16. Jahrhundert ist daher «Froschauer-Bibel» geradezu synonym mit «Zürcher Bibel». Froschauer hatte dabei stets die Erfordernisse des Markts im Auge. So produzierte er auch kleine, handliche Ausgaben im Duodez- und Sedezformat. Mit dem Neuen Testament von 1529 im Sedezformat (ausgestellt) richtete er sich an die Besucher der Frankfurter Buchmesse; in dieser Ausgabe sind daher keine alemannischen Elemente in Wort, Satzbau oder Lautung zu finden.

Das ausgestellte Exemplar stammt aus dem Besitz des St. Galler Klosterbruders Petrus Egger (1760–1835). Er legte 1783 in St. Gallen Profess ab, erlebte noch die letzten Jahre des Klosters mit und arbeitete nach der Klosteraufhebung ab 1803 als Schreinermeister. Es ist wahrscheinlich, dass er das Neue Testament noch während seiner Zeit als Konventuale erworben hat, denn sein Besitzeintrag lautet «b. [Bruder] Petrus Egger». Er gibt sich damit also als Klosterangehöriger zu erkennen, der die Profess abgelegt hat, aber nicht zum Priester geweiht worden ist. Die Abbildungen zeigen das Titelblatt (links) und die letzte Seite mit dem Druckersignet Froschauers.

St. Gallen, Stiftsbibliothek, Bandsignatur A links VIII 9 (Titelblatt und fol. 362ᵛ). Das Neuw Testament grundtlich vnd recht verteütscht, Zürich (Christoffel Froschauer) [1529].

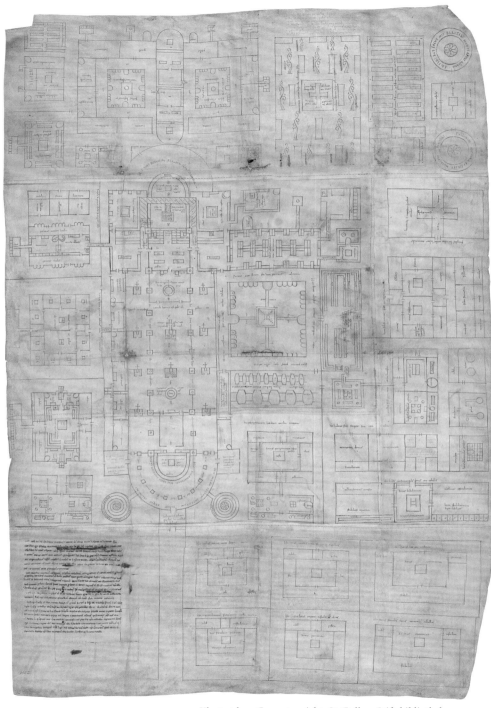

Klosterplan, Gesamtansicht. St. Gallen, Stiftsbibliothek,
Handschrift Nr. 1092. Pergament – 112 × 77,5 cm – Reichenau –
819 oder 826/830 – www.stgallplan.org.

Das Wort im Raum:
Orte der Bibel im karolingischen Klosterplan

Der karolingische Klosterplan von St. Gallen (Cod. Sang. 1092) gehört zu den berühmtesten und besterforschten Kostbarkeiten der Stiftsbibliothek. Er wurde im benachbarten Kloster Reichenau, das seit dem Jahr 800 mit St. Gallen in einer Gebetsgemeinschaft verbunden war und zur Abtei an der Steinach enge Beziehungen pflegte, geschaffen. Das Unternehmen leitete der dortige Lehrer und Bibliothekar Reginbert. Die Zueignung an den St. Galler Abt Gozbert (816–837) im Widmungstext im Rand auf der östlichen Schmalseite des Plans stammt wahrscheinlich von Gozberts Reichenauer Amtsbruder Heito (806–823). Auf dem Plan sind 52 Gebäude eingezeichnet, die mit 334 erklärenden lateinischen Beischriften versehen sind. Gemäss neuen, allerdings nicht unbestrittenen Erkenntnissen der Forschung wurde der Plan im Jahr 819 angefertigt; dies lässt sich zumindest aus einem Chronogramm in der Beischrift zum Gänsestall in der Südostecke des Plans ableiten. Beim Klosterplan handelt es sich um die älteste erhaltene Architekturzeichnung aus dem europäischen Mittelalter.

Die Erforschung des Plans hat in den letzten Jahren durch verschiedene, zum Teil ganz neuartige Initiativen neuen Auftrieb erhalten. Zum einen hat vom Klosterplan ausgehend ein europäisch-amerikanisches Gemeinschaftsprojekt die «Karolingische Kultur in Reichenau und St. Gallen» umfassend aufgearbeitet, verschiedenste Materialien zum Klosterplan zusammengetragen und eine virtuelle Handschriftenbibliothek aufgebaut. Die Ergebnisse des im Sommer 2012 abgeschlossenen Unternehmens können im Internet unter www.stgallplan.org frei konsultiert werden. Zum anderen soll im Sinne der experimentellen Archäologie bei der süddeutschen Kleinstadt Messkirch nördlich des Bodensees der Klosterplan als dreidimensionale karolingische Klosterstadt originalgetreu nachgebaut werden. Bei dem «Campus Galli» genannten Vorhaben sollen so weit wie möglich zeitgenössische Baumaterialien und -methoden zum Einsatz kommen; dadurch verspricht man sich wissenschaftliche Erkenntnisse über die karolingische Architektur und Bautechnik. Die Arbeit soll im Frühjahr 2013 aufgenommen werden. Zwanzig bis dreissig Bauleute, Steinmetze, Zimmerleute usw., sollen fest angestellt werden. Finanziert werden soll das Unternehmen durch die Eintritte der Besucher. Man rechnet mit einer Bauzeit von etwa vierzig Jahren (www.karolingischeklosterstadt.com).

Die Schöpfer des Klosterplans im frühen 9. Jahrhundert hatten sich die Aufgabe gestellt, zu Händen des St. Galler Empfängers die ideale Wohnform einer Mönchsgemeinschaft nach den Anforderungen zu entwerfen, welche die Regel des heiligen Benedikt (um 480–547) und die Gesetzgebung der Mönchsreform unter Kaiser Ludwig dem Frommen (814–840) bestimmt hatten. Neuere Forschungen haben zwar gezeigt, dass der Plan «lange nicht alles übernahm, was die Aachener Reformsynoden von 816/819 für den klösterlichen Kernbereich, das ‹claustrum›, d. h. den

Klausurbereich, vorschreiben» (Josef Semmler). Dennoch ist er als Bauplan auf die Lebensform einer benediktinischen Mönchsgemeinschaft der damaligen Zeit ausgerichtet.

Die Bibel war das Leitbild für die Lebensgemeinschaft des Abtes und der Mönche. Nach dem Prolog der Benediktsregel sollten sie «unter der Führung des Evangeliums die Wege des Herrn gehen». Daher war die Bibel an vielen Orten des Planklosters gegenwärtig, sei es in der Form des gesprochenen oder gesungenen Wortes, sei es in der materialisierten Form des Buches. Dessen primärer Aufbewahrungsort war die Bibliothek. Schon ihr Name weist auf die Bibel hin. Das lateinische, aus dem Griechischen stammende Wort *bibliotheca* bedeutet Behältnis oder Ort zur Aufbewahrung *(theca)* der Bücher, darunter in erster Linie der «biblischen» Bücher *(biblia)*. So ist es gleichsam die Bibel, welche die Bibliothek zur christlichen Bücherei erhebt.

Die mittelalterliche Klosterbibliothek war vor allem Aufbewahrungsort für die Heilige Schrift mit ihren vielen Einzelschriften des Alten und des Neuen Testamentes. Dazu gesellten sich die Kommentare und Homilien, hauptsächlich jene der Kirchenväter, aber auch die weitgehend auf der Bibel beruhenden Bücher der Liturgie. Wenn in der Bibliothek immer breiter auch das Schrifttum für Schule und Studium, die Schriften der Freien Künste des Triviums und des Quadriviums, ja die geistlichen und weltlichen Wissenschaften insgesamt Aufnahme fanden, bildete doch die Bibel den Anfang und zugleich den Höhepunkt der Wissenschaft. Sie war das am meisten studierte Buch, und das Bibelstudium bildete die höchste und letzte Stufe in der Hierarchie der Wissenschaften.

Zum Bibelstudium war jeder Mönch verpflichtet, denn die Bibel enthält gemäss der Benediktsregel die von Gott beglaubigte Norm des menschlichen Lebens (Kap. 73). Daher schrieb Benedikt auch vor, dass jeder Mönch «in den Tagen der Fastenzeit aus der Bibliothek ein Buch erhalten soll, das er von Anfang bis Ende ganz lesen soll» (Kap. 48). Was unter diesen *codices de bibliotheca* zu verstehen war, wird nicht näher ausgeführt. Doch nach damaligem Verständnis waren das die einzelnen Bücher der Heiligen Schrift in ihrem Vollumfang, der Vollbibel, die auch als *bibliotheca* bezeichnet wurde.

Im Klosterplan sind die Bibliothek und die Schreibstube (Skriptorium) als wichtige Bestandteile des Klosters eingezeichnet. Sie befinden sich zwischen der Kirche und dem vornehmen Bezirk im Norden der Anlage, als zweistöckiges kleineres Gebäude im nordöstlichen Winkel zwischen Querhaus und Chor der Basilika. Die Beischriften lassen erkennen, dass das untere, ebenerdige Geschoss als Schreibstube zu dienen hatte, das obere der Bücherspeicher war *(infra sedes scribentium, supra bibliotheca,* «unten die Schreibersitze, oben die Bibliothek»). Von der Bibliothek führt laut Zeichnung ein Gang in den Hochchor der Kirche, gleich wie aus der gegenüber liegenden Sakristei ein unmittelbarer Zugang zum Chor besteht. Diese Lage des Bücherhauses, das eine mittelalterliche Klosterbibliothek darstellt, ist sowohl in funktionaler wie auch in geistiger Hinsicht sinnvoll: Hier wurden die biblischen und liturgischen Bücher, die im Gottesdienst Verwendung finden, geschrieben, aufbewahrt und bereitgestellt. «Gottesdienst war aber schon das ganze Bemühen der Schreiber und der Bibliothekare um diese Bücher» (Johannes Duft).

Das Abschreiben der Bibel, vor allem der Psalmen und der Evangelien, war für die Kalligraphen im Skriptorium die vornehmste Aufgabe, ihr widmeten sich die erfahrensten und besten Schreiber. Der weit herum berühmte Schreibkünstler Sintram schuf um 894 mit dem Evangelium longum (Cod. Sang. 53) eine der vollendetsten Handschriften, die St. Gallen hervorgebracht hat. Von einem anderen Mönch, dem jungen, talentierten, aber

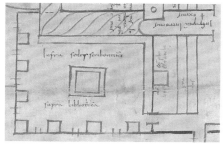

Die Bibliothek im karolingischen Klosterplan (Ausschnitt, um 90° nach links gedreht).

ruhelosen und unglücklichen Wolo, berichtet der Klosterchronist Ekkehart IV., dass er damit beschäftigt war, das Johannes-Evangelium abzuschreiben. Als er zur Stelle kam, da der Sohn des Hauptmanns von Kafarnaum im Sterben lag (*incipiebat enim mori*; Io 4, 47), sprang Wolo, von Melancholie und Heimweh gepackt, auf, eilte davon und wollte den Turm besteigen, wobei er zu Tode stürzte (*Casus sancti Galli,* Kap. 43). Das Skriptorium war als einer der heizbaren Räume neben dem Wärmeraum *(calefactorium)* auch der Ort, wo sich die Gelehrten unter den St. Galler Mönchen in der freien Zeit zwischen den frühmorgendlichen Chorgebeten aufhielten und gemeinsam die Heilige Schrift studierten. Ekkehart berichtet von einem solchen nächtlichen Bibelgespräch von Notker dem Stammler, Ratpert und Tuotilo. Da sie sich auf Lateinisch unterhielten, konnte der am Fenster lauschende Spitzel des Abtes namens Sindolf nichts verstehen (Kap. 36).

Die Hauptbeschäftigung des Mönchs bestand im Gottesdienst, in der Feier des Stundengebets und der Messe. Die kirchliche Liturgie beruht vor allem auf biblischen Texten. Dies gilt für die Messe, deren Lesegottesdienst rein biblisch ist, insbesondere aber für das Stundengebet, das sich über Tag und Nacht erstreckt und allwöchentlich die 150 alttestamentlichen Psalmen umfasst. Die Klosterkirche bildete daher in besonderer Weise einen Ort, wo das Wort der Bibel durch den Gesang und das Gebet der Mönche lebendig wurde. In der grossdimensionierten Plankirche mit Chorapsis, Westapsis, Querhaus und dreischiffigem Langhaus sind neben dem Hochaltar 16 weitere Altäre eingezeichnet, dazu kommen zwei Altäre in den beiden Türmen und zwei Altäre in den Nebenkirchen für die Novizen und die Kranken. An insgesamt 21 Altären also wurde die Messe gefeiert, wurden Epistel- und Evangelienperikopen gelesen. In der Mittelachse im vorderen Teil des Mittelschiffes ist ein von Abschrankungen umgebener Ambo mit Kreuz aufgerichtet. Wie die Beischrift *Hic euangelicae recitatur lectio pacis* («Hier wird die Friedensbotschaft des Evangeliums vorgetragen») angibt, sang oder las in der feierlichen Messe der Diakon an diesem Ambo das Evangelium.

Für das gemeinsame Chorgebet versammelten sich die Mönche im Psallierchor. Dieser schliesst östlich an das Geviert mit dem Ambo an und ist ebenfalls durch Schranken abgegrenzt. Der *chorus psallentium* («Chorraum der Psallierenden») ist mit Bänken *(formulae)* für die Mönche ausgestattet (wie übrigens auch die beiden kleinen Nebenkirchen im Haus der Novizen und im Haus der Kranken). Links und rechts des Eingangs sind zwei Pulte eingezeichnet, auf denen gemäss Beischrift die Psalterien für die (nächtlichen) Lesungen aufgeschlagen waren *(analogia duo ad legendum in nocte).* Die zwei Pulte sind als «pars pro toto» für eine grössere Anzahl zu verstehen. Denn nach dem – allerdings späteren – Bericht Ekkeharts IV. in seiner Klosterchronik verfügte der Mönchschor damals «über dreizehn Sitze mit Psalterien, die entweder mit Gold bemalt oder sonstwie edel gestaltet waren» (Kap. 42). Das waren die grossformatigen, feierlichen Psalterien aus dem 9. Jahrhundert, von denen einige in der Ausstellung gezeigt werden (siehe oben Vitrine 4).

Selbstverständlich beschränkte sich das Vorhandensein der Bibel nicht auf die Bibliothek, die Kirche und die Nebenkirchen. An weiteren Orten des Planklosters wurde die Heilige Schrift gelesen, studiert oder wurde mit ihr gearbeitet. Allerdings liefern die Beischriften keine direkten Hinweise, nur mittelbar kann aufgrund anderer Nachrichten darauf geschlossen werden. Wenn gemäss der Benediktsregel jeder Mönch zu Beginn der Fastenzeit ein Buch der Bibel zum persönlichen Studium ausgehändigt bekam (siehe oben), wird er dieses Exemplar an einem bestimmten Ort aufbewahrt haben. Am ehesten kommt dafür sein Platz im Schlafsaal *(dormitorium)* in Betracht. Hier sind 77 Betten eingezeichnet; Ablagen oder Truhen finden sich keine, sie werden aber wohl vorhanden gewesen sein. Im Speisesaal der Mönche *(refectorium)* ist für die Tischlesung in der Mitte der Längswand, an der akustisch geeignetsten Stelle, ein Lesepult *(analogium)* eingezeichnet. Ob zu den Tischlesungen auch Texte der Bibel gehörten, müsste anhand der zeitgenössischen *Consuetudines* (Brauchtexte) geprüft werden.

In der Schule nahm die Bibel einen festen und zentralen Platz ein. Die Zöglinge erlernten die lateinische Sprache nicht zuletzt durch das Lesen und Verstehen der biblischen Texte. Das am weitesten verbreitete Lehrbuch des lateinischen Mittelalters, die *Institutiones divinarum et saecularium litterarum* des Cassiodor (um 485 – um 580), sah als Hauptziel der Ausbildung das umfassende Verständnis der Bibel als Wort Gottes. Um dieses Ziel zu erreichen, bedurfte es eines breiten Allgemeinwissens, das man sich in den sieben Grundfächern der «Sieben Freien Künste» erwerben konnte. Das Bemühen der St. Galler Lehrer, ihren Schülern das Verständnis der Bibel nahe zu bringen, zeigt sich am schönsten an Notker dem Deutschen, der für sie den Psalter ins Deutsche übersetzte und kommentierte (siehe oben S. 58). Der Schulmeister dürfte seine Lehrbücher, darunter die Bibel, in seiner eigenen Wohnung aufbewahrt haben; diese ist auf der Nordseite der Klosterkirche gegenüber dem Schulgebäude eingezeichnet. Das gleiche kann vom Abt angenommen werden. Die zweistöckige Abtspfalz ebenfalls auf der Nordseite der Kirche verfügt über verschiedene, komfortabel ausgestattete Wohn- und Schlafgemächer. Hier dürfte der Abt seine Privatbibliothek aufbewahrt haben. Dazu gehörten, wie aus den Bücherverzeichnissen der Äbte Grimald (841–872) und Hartmut (872–883) hervorgeht, auch verschiedene Bibelhandschriften und -kommentare. Der virtuelle Rundgang durch das Plankloster könnte fortgesetzt werden. Er hat aber bis hierher zur Genüge gezeigt, in welchem Ausmass die Heilige Schrift als Norm des mönchischen Lebens an den verschiedenen Orten des Plans hörbar, sichtbar und greifbar gegenwärtig ist.

Das Wort im Bild:
Illustrierte Bibeldrucke des 18. Jahrhunderts

Aus der St. Galler Klosterdruckerei: ein kommentiertes Psalterium

Das Kloster St. Gallen führte zwischen 1633 und 1798 eine eigene Druckerei. Diese befand sich zuerst im Priorat Neu St. Johann im Toggenburg; 1641 wurde sie nach St. Gallen verlegt. Mit der Einrichtung einer Druckerei ging es den St. Galler Fürst-äbten primär darum, von den häufig unzuverlässigen auswärtigen Lohndruckereien unabhängig zu sein und die eigenen Anordnungen, Mandate und Bekanntmachun-gen problemlos drucken und publizieren zu können. So entstanden in der Kloster-druckerei bis zur Säkularisierung Tausende von Einblattdrucken. Daneben ver-öffentlichte sie auch Broschüren und Bücher hauptsächlich religiös-seelsorgerischen Inhalts, etwa Gebet- und Gesangbücher, Andachts- und Erbauungsliteratur.

Mit einer einzigen Ausnahme finden sich darunter keine Bibeldrucke. Diese konnten von renommierten Druckereien mit einem breiten Absatzmarkt kosten-günstiger produziert werden. Die Ausnahme datiert von 1644; es ist einer der ersten deutschsprachigen St. Galler Klosterdrucke überhaupt.

Grundlage ist der Psalmenkommentar des Niederländers Reinier Snoy († 1537). Dieser wurde im Jahr 1535 veröffentlicht (*Psalterium paraphrasibus illustratum*), fand in katholischen Kreisen weite Verbreitung und wurde allein im 16. Jahrhundert 25 Mal nachgedruckt. Auch in der Stiftsbibliothek befinden sich drei Nachdrucke. Dieses Werk übersetzte im Jahr 1566 Nikolaus Hug Landenburger, Diakon am Dom-stift Speyer, ins Deutsche; auch diese Übersetzung fand Eingang in die St. Galler Klosterbibliothek.

Wieso die Klosterdruckerei St. Gallen fast achtzig Jahre nach dem Erscheinen den deutschen Psalmenkommentar nochmals herausgab, können wir aus der Wid-mungsadresse erahnen, die der Drucker Johann Landort am 20. Januar 1644 an Hans Werner von Raitenau richtete, einen Angehörigen eines im Bodenseeraum behei-mateten Grafengeschlechts. Der fleissige Gebrauch der Psalmen sei *löblich, gottge-fällig und den Gottliebenden Seelen erspriesslich.* Aber zentral sei das richtige Ver-ständnis der Psalmen, und deshalb habe Reinier Snoy vor gut hundert Jahren den *gantzen Davidischen Psalter mit kurtzen … Erklärungen* versehen. Weil von der deut-schen Übersetzung fast keine Exemplare mehr zu finden seien, sei dieser Nachdruck entstanden. Der angesprochene Hans Werner von Raitenau habe eine *sondere liebe und naigung* zu den Psalmen und habe *diese nachtruckung alleinig angetriben.* Des-halb würde er, Landort, ihm dieses Buch widmen. Es war kein reiner Nachdruck, sondern eine (möglicherweise von St. Galler Mönchen vorgenommene) Überarbei-tung. Der St. Galler Nachdruck benutzt hin und wieder andere Wörter als die Über-setzung von 1566 und bemüht sich gelegentlich um treffendere Formulierungen.

Von dieser Psalmenerklärung aus der Klosterdruckerei St. Gallen haben sich europaweit mehrere Exemplare erhalten.

St. Gallen, Stiftsbibliothek, Bandsignatur 44'998 (Titelblatt).
Der Gantze Psalter … mit beygesetzter kurtzer … Erklärung …
verfasst von Reinier Snoy, ins Deutsche übersetzt von Nikolaus
Hug Landenburger, St. Gallen (Klosterdruck) 1644.

Der
Gantze Psalter deß heiligen
vnnd Königklichen Propheten Dauids / mit
beygesetzter kurtzer Catholischer Erklärung /
auß den alten Vättern / vnnd Kirchen
Lehrern gezogen.

Anfangs
Durch H. Raynerium Snoygoudanum in
Lateinischer Sprach beschriben / nachmalen
durch Herrn Nicolaum Hug Landenburger /
deß Keiserlichen Thumb Stiffts
Speier Diacon ver-
teutscht.

Anjetzo aber
durch instendiges antreiben
Deß Wolwürdigen / Wolgebornen Herren
Joann Werneren / Edlen Herren auff Raitnaw / zu
Langenstein / Sant Johanns Ordens Rittern / k.
zu mehrerm nutz vnnd trost viler frommen vnnd Gottliebenden
Christen nachge-
truckt.

Im Fürstlichen Gottßhaus St. Gallen.

Im Jahr M. DC. XLIV.

Die Bilderbibel des Nürnberger Druckers und Verlegers Christoph Weigel

Die Zahl der Bibeldrucke vom 15. bis zum 18. Jahrhundert ist unübersehbar gross. Auch die Stiftsbibliothek St. Gallen besitzt weit über hundert Bibeldrucke aus dieser Zeit. Die meisten davon sind reine Textausgaben, aber manche sind auch mehr oder weniger reich illustriert. Im Jahr 1627 gab der in Basel tätige Kupferstecher und Verleger Matthäus Merian (1593–1650) unter dem Titel *Icones Biblicae* eine 159seitige Bilderbibel mit 78 Kupferstichen von Szenen aus dem Alten und Neuen Testament zusammen mit Kurztexten in Versform heraus, in der dem Bild die zentrale Rolle zukam. 1695 veröffentlichte der Kupferstecher und Verleger Christoph Weigel (1661–1726) in Augsburg eine mit rund 900 Kupferstichen ausgestattete Bilderbibel *Biblia Ectypa. Bildnussen auss Heiliger Schrifft dess Alt- und Neuen Testaments …,* der 1697 in Regensburg eine überarbeitete Neuauflage folgte. Da diese Bilderbibel ein Verkaufserfolg war, veröffentlichte der in Augsburg tätige Johann Ulrich Kraus (1655–1719) seinerseits im Jahr 1700 ein analoges Produkt, das er *Historische Bilderbibel* benannte. Der inzwischen in Nürnberg ansässige Christoph Weigel reagierte daraufhin 1708 mit der Herausgabe einer noch opulenteren Bilderbibel, die 259 hochrechteckige ganzseitige Kupferstiche zu den bekanntesten und gut darstellbaren Geschichten aus dem Alten und Neuen Testament enthielt. Für die Zeichnungen engagierte er den niederländischen Bildentwerfer Caspar Luyken (1672–1708) und dessen Vater Jan Luyken (1649–1712) sowie drei weitere Zeichner und Stecher. Unter die einzelnen Bilder kam jeweils ein vierzeiliges lateinisches Epigramm in elegischen Distichen zu stehen, deren Schöpfer der Jesuit Paul Hansiz (1645–1721) aus Wien war. Der Nürnberger Samuel Faber (1657–1716), Rektor des dortigen Gymnasiums Aegidianum, schuf die deutschen Verse in Alexandrinern. Die Kupferstiche versuchen, viel Dynamik einzufangen; bevorzugt gezeigt werden Szenen mit figurenreichen Volksaufmärschen, vielfältig bewegten und drastisch dargestellten Handlungen, die die Schaulust eines breiten Publikums befriedigen sollten. Die Kupferstiche waren im Übrigen auch einzeln zu kaufen; wer sich keine Bilderbibel leisten konnte, konnte vielleicht einige Einzelblätter erwerben.

Die grossformatige Weigel-Bilderbibel war im Besitz des aus begüterter Familie stammenden St. Galler Stadtbürgers Peter Zollikofer und gelangte später – wann, lässt sich nicht mehr ermitteln – in die Klosterbibliothek.

Abgebildet ist die Vertreibung der Händler und Kaufleute aus dem Tempel durch Jesus (Mt 21, 12–17), die sich in einer prächtigen barocken Stadtkulisse mit zahlreichem Volk abspielt.

St. Gallen, Stiftsbibliothek, Bandsignatur A links III 11 (Neues Testament, Kupferstich 24). Historiae celebriores veteris testamenti iconibus repraesentatae et ad excitandas bonas meditationes selectis epigrammatibus exornatae in lucem datae a Christophoro Weigelio, 2. Auflage, Nürnberg 1712 .

I.L. fec.

MATTH. XXI.

C.W. exc.

Ejicis hos, alias Iefu mitiſſime, templi
Quos violatus honor fecerat eſſe reos.
In ſacras toties et nos delinquimus ædes:
A flagris patimur verbera jure tuis.

*Iſt Jeſus, der hier peitſcht, der Gütigkeit Exempel:
treibt Er mit ſolchem Ernſt, die Tempel-ſchänder aus.
Und ſchänden wir nicht offt, des Herren Haus, die Tempel:
drum leiden wir auch recht, der Geiſeln Streich und Graus.*

Der moralisierende deutschsprachige Vers lautet:

Ist Jesus, der hier peitscht, der Gütigkeit Exempel;
treibt Er mit solchem Ernst die Tempel-Schänder aus.
Und schänden wir nicht offt des Herren Haus, die Tempel,
drum leiden wir auch recht, der Geiseln [Geisseln] Streich und Graus.

Die Kupfer-Bibel des Zürcher Naturforschers Johann Jakob Scheuchzer *Physica sacra oder geheiligte Natur-Wissenschaft*

Eines der fürs Auge schönsten Werke barocker Druckkunst ist die sogenannte Kupfer-Bibel des Zürcher Naturforschers, Arztes und Paläontologen Johann Jakob Scheuchzer (1672–1733). Das in vier Bänden erstmals zwischen 1731 und 1735 in Augsburg und Ulm in deutscher und lateinischer Sprache erschienene Werk enthält über 750 grossformatige Kupferstiche, die wegen ihrer Schönheit und ihrer aussergewöhnlich feinen Ausführung heute noch sehr begehrt sind. Unter Scheuchzers «Vorschrift und Direktion» stellte der Zürcher Künstler Johann Melchior Füssli (1677–1736) die Vorlagen her, die dann unter der Leitung des kaiserlichen Hofkupferstechers Johann Andreas Pfeffel (1674–1748) von mindestens 22 Kupferstechern aus der Gegend Augsburg/Nürnberg für den Druck fertiggestellt wurden. Gedruckt wurde die Kupfer-Bibel nicht in Zürich, sondern in der Offizin von Christian Ulrich Wagner in Ulm, in einer der leistungsfähigsten und renommiertesten Druckereien Süddeutschlands. Die Editionsarbeiten an der *Physica sacra* zogen sich insgesamt rund elf Jahre hin.

In diesem seinem *opus magnum* von über 2000 Seiten Umfang unternahm der unermüdlich tätige Zürcher Universalgelehrte den «grossangelegten Versuch, das naturwissenschaftliche Weltbild seiner Zeit in Übereinstimmung mit den Aussagen der Bibel über die Naturvorgänge zu bringen, und bewies aus seiner Sicht die Wahrheit der Bibel, indem er ihr Naturverständnis überprüfte und auf der Grundlage des Wissensstandes seiner Zeit als richtig bestätigte» (Hans Krauss, S. 9).

Das naturwissenschaftliche Weltbild Scheuchzers ist heute weitestgehend überholt, aber seine Streifzüge durchs Alte und Neue Testament sind als gelehrte Lobpreisungen Gottes heute noch lesenswert. Mit manchen seiner Theorien eckte Scheuchzer bei seiner Zürcher Obrigkeit, bei den führenden Kreisen von Kirche und Gesellschaft, an. Deshalb erhielt er die Druckerlaubnis für sein Werk in Zürich und in der gesamten Eidgenossenschaft nicht. Nach dem Erscheinen – Scheuchzer selbst erlebte den Abschluss seines Werkes nicht mehr – wurde die Kupfer-Bibel verschiedentlich kritisch bewertet. Es sei ein «ein kindisch Werk» und die Bildtafeln seien willkürlich und eher zur Belustigung von Kindern als zur ernsthaften Beschäftigung Erwachsener geschaffen worden. Heute wird die *Physica sacra* nicht als substantiell bedeutende Bibelausgabe, sondern eher als bibliophiles Gesamtkunstwerk wahrgenommen.

Das Werk ist so aufgebaut, dass es mit den zu interpretierenden Bibelversen in der Fassung von Martin Luther und in der Zürcher Fassung beginnt, im auf S. 96/97 abgebildeten Fall mit den Versen 12–17 des Buches Genesis. Es folgt eine längere Erklärung und Auslegung Scheuchzers dieser Verse (über den Bund Gottes mit Noah), in der er, der Nicht-Theologe, sich auf Gewährsleute wie die Kirchenväter stützt, dabei aber durchaus auch eigene, der Geistlichkeit nicht immer genehme Aussagen und Interpretationen wagt. Scheuchzer kommt gegen Ende seiner anfänglich eher theologischen Auslegung der Bibelstelle auf den Regenbogen zu sprechen. Diesem atmosphärisch-optischen Phänomen versucht er dann mit Hilfe eines weiteren Kupferstichs und durch eine längere wissenschaftliche Erklärung, in der er sich auf die prominenten Naturforscher und Physiker René Descartes (1596–1650) und Isaac Newton (1643–1727) beruft, näherzukommen.

Dem Turmbau von Babel widmet Johann Jakob Scheuchzer gleich vier Kupferstiche, nämlich eine (hier abgebildete) Ansicht der Erbauung, zwei Grundrisse und einen Aufriss. Im Vordergrund sind Architekten und Bauleute an der Arbeit, im Hintergrund rauchende Bauhütten erkennbar. Mit Lasttieren und mit einer unüberblickbar grossen Zahl von ameisenhaft wirkenden Menschen werden die Baumaterialien um die Windungen des Turms herum in die Höhe gebracht. Beachtenswert sind auch die Rahmen der Kupferstiche, die nicht stereotyp gleichartig gezeichnet sind, sondern stets einen engen Bezug zum Inhalt des jeweiligen Bildes haben.

A links I 4, Tafel LXXIII.

St. Gallen, Stiftsbibliothek, Bandsignatur A links I 4–7. Johann Jakob Scheuchzer, Kupfer-Bibel, in welcher die Physica sacra oder geheiligte Natur-Wissenschaft derer in heil. Schrifft vorkommenden natürlichen Sachen deutlich erklärt und bewährt, 4 Bände, Augsburg und Ulm 1731–1735.

A links I 4, Tafel LXV.

A links I 4, Tafel LXVI.

Das Wort in aller Welt:
Die Vielsprachigkeit der gedruckten Bibel

Unter den Bibeldrucken der Stiftsbibliothek fällt ein kleiner Bestand fremdsprachiger Bibeln ins Auge – zumindest bei genauerem Hinsehen, denn die Bibeln stehen weit oben im Bücherschrank C. Beinahe ein ganzes Regalbrett ist dort mit einheitlich gebundenen Bibeln gefüllt, die aber in den verschiedensten Sprachen geschrieben sind: Neben Bibeln auf Norwegisch, Polnisch und Rumänisch finden sich hier auch solche auf Amharisch (einer Sprache aus Zentraläthiopien), Chinesisch, Japanisch sowie in zahlreichen auf dem indischen Subkontinent verbreiteten Sprachen, darunter Bengalisch, Gujarati, Hindi, Kanaresisch/Kannada, Marathi, Oriya, Sanskrit, Tamil, Telugu und Urdu. Ausgestellt ist eine vollständige Bibel in der Sprache der Cree-Indianer (C Mitte VI 12). Die Schrift, in der diese Bibel gedruckt ist, wurde von einem englischen Missionar im 19. Jahrhundert für die Cree entwickelt.

Die insgesamt 27 fremdsprachigen Bibeln kamen 1871 als Geschenk der Foreign and Bible Society London in die Stiftsbibliothek. Sie wurden also nicht etwa angeschafft, weil ein Bedarf an fremdsprachigen Bibeln bestand, und sie stehen auch in keinerlei Verbindung zum Kloster St. Gallen (das seit 1805 aufgehoben war). Dennoch lassen sich aus ihrer Anwesenheit oder vielmehr der Abwesenheit ähnlicher Bibeldrucke in früheren Jahrhunderten Erkenntnisse über die Ausrichtung des Bibelstudiums im Kloster St. Gallen gewinnen: Die Missionierung in fernen Ländern – zu deren Zweck solche Bibelausgaben nötig wären – war nie ein Anliegen der St. Galler Mönche.

Das heisst nun allerdings nicht, dass es im Kloster St. Gallen keine fremdsprachigen Bibeln gab. Es waren dies aber primär Bibeln in europäischen Sprachen oder in den Ursprachen der Bibel – Hebräisch, Griechisch etc. So wurde etwa ein syrisches Neues Testament, der erste Druck in syrischer Sprache, 1572 angeschafft und vom St. Galler Mönch Mauritius Enck intensiv studiert und kommentiert (C rechts VI 2).

Auch mehrsprachige Bibeln befanden sich im Besitz der Klosterbibliothek, beispielsweise eine Bibel in 10 Bänden auf Hebräisch, Samaritanisch, Chaldäisch, Griechisch, Syrisch, Lateinisch und Arabisch, die den gebildeten Mönchen zum vergleichenden Bibelstudium diente (C Mitte II 1–7, nicht ausgestellt) oder ein 1599 gedrucktes Neues Testament in 12 Sprachen: Syrisch, Hebräisch, Griechisch, Lateinisch, Deutsch, Böhmisch, Italienisch, Spanisch, Französisch, Englisch, Dänisch und Polnisch (C Mitte IV 4 und 5).

Der einzige Bibeldruck in einer fernöstlichen Sprache, der noch zu Klosterzeiten in die Bibliothek gelangte, ist ein malaiisches Neues Testament. Es stammt aus dem Nachlass des Elsässers Georg Franz Müller, der 13 Jahre in Südostasien gelebt hatte und nach seiner Rückkehr nach Europa Leibdiener eines St. Galler Mönchs geworden war (A links VII 58).

Ein Neues Testament in zwölf Sprachen

*St. Gallen, Stiftsbibliothek, Bandsignatur C Mitte IV 4
und 5 (Bd. 1, Johannes-Evangelium, S. 2 und 3). Novum
Testamentum Domini nostri Iesu Christi Syriacè, Ebraicè,
Graecè, Latinè, Germanicè, Bohemicè, Italicè, Hispanicè,
Gallicè, Anglicè, Danicè, Polonicè, studio et labore Eliae
Hutteri, Nürnberg 1599.*

EVANGELIVM · Euangelium · Ewangelium

S. IOHANNIS.

CAP. I.

IN principio erat Verbum , & Verbum erat apud Deum, & Deus erat Verbum.

IN the beginning was the Word/ & the Word was with God/ and that Word was God.

2. Hoc erat in principio apud Deum.

The same was in the beginning with God.

3. Omnia per ipsum facta sunt, & sine ipso factum est nihil quod factum est.

All things were made by it / and without it was made nothing that was made.

4. In ipso vita erat, & vita erat lux hominum.

In it was life/ and the life was the light of men.

5. Et lux in tenebris lucet, & tenebræ eam non comprehenderunt.

And the light shineth in the darknes/ and the darknes comprehended it not.

6. Fuit homo missus à Deo, cui nomen erat Iohannes.

There was a man sent from God/ whose name was John.

7. Hic venit in testimonium : ut testimonium perhiberet de lumine, ut omnes crederent per illum.

The same came for a witnes / to beare witnes of the light / that all men through him might beleeue.

8. Non erat ille lux : sed ut testimonium perhiberet de lumine.

He was not that light/ but was sent to beare witnes of the light.

9. Erat lux vera, quæ illuminat omnem hominem venientem in hunc mundum.

That was the true light/ which lighteth euery man that cōmeth into the world.

S. Johannis.

Das I. Capitel.

IM Anfang war das Wort/ vnd das Wort war bey GOtt/ vnd GOtt war das Wort.

J Begynndelsen vaar Ordet/ oc order vaar hoss Gud/ oc Gud vaar det Ord.

2. Dasselbige war im Anfang bey Gott.

Det samme vaar i Begynndelsen hoss Gud.

3. Alle ding sind durch dasselbige gemacht / vnd ohn dasselbige ist nichts gemacht/ was gemachet ist.

Alle ting ere giorde ved det samme / oc vden det samme er intet giort/ huad som giort er.

4. Jn jhm war das Leben / vnd das Leben war das Liecht der Menschen.

J hannem vaar Lisfuit / oc Lisfuit vaar Menniskens Luys.

5. Vnnd das Liecht scheinet im der Finsterniß/ vnd die finsterniß habens nicht begriffen.

Oc Liuset skinner i Morcket/ oc Mørckene begrebe det icke.

6. Es ward ein Mensch von GOtt gesandt / der hieß Johannes.

Der blesf it Menniske vdsent aff Gud/ som hed Johannes.

7. Derselbige kam zum Zeugniß/ daß er vom Liecht zeugete / auff daß sie alle durch jhn glaubten.

Den samme kom til it Vidnisbyrd / at hand skulde vidne om Liuset / paa det / at de skulde alle tro ved hannem.

8. Er war nicht das Liecht / sondern das er zeugete von dem Liecht.

Hand vaar icke Liuset / Men at hand skulde vidne om Liuset.

9. Das war das warhafftige Liecht/ welches alle Menschen erleuchtet/ die in dise Welt kommen.

Det vaar det sande Luys / som oplyser alle Menniske der kommer i Verden.

S. Jan.

Kapitola I.

NA počátku było Słowo/ a Słowo było v Boha/ a Buoh był to Słowo.

NA poczatku było Słowo/ á Słowo ono było v Boga/ y było ono Słowo Bog.

2. To było na počatku v Boha.

Tho Słowo było ná poczatku v Boga.

3. Wssecky wěcy strze něw činěny gsau/ a bez něho nic nenj včiněno coż včiněno gest.

Wssytko/ sie przes to Słowo stáło/á oprocż niego nic sie nie stáło/ co zcżołowiek było vcżyniono.

4. W něm žiwot był/ a žiwot był swětlo Lidij.

W niem był żywot/ á żywoth był świátłoscona ludzka.

5. A Swětlo w temnostech swjtij/ a tmy ho neobsahly.

A táć świátłość w ciemnoscách świeci/ ále tey ciemności nie ogárnely.

6. Byl čłowěk poslany od Boha/ kterému gměno było Jan.

Byl cżłowiek posłány od Bogá/ ktoremu było imie Jan.

7. Ten přissel na swědecrwij/ aby swědectwij wydal o Swětstij/ aby wssycknj wěřili strze něho.

Ten przyssedł ku swiádectwu/ aby świádectyło świátłosci / aby przez sie wssyscy wierzyli.

8. Nebyl on to swětlo / ale aby swědectwij wydal o Swětslu.

Nie był ci on świátłoscia o ná/ ále był posłan iżby świádeciyło o ney świátłosci.

9. Bylo swětlo prawé / kteréž oswěcuge každého člowěka/ přicházegiczyho na tento Swět.

To była o ná świátłość prawdziwa/ ktora oświeca wssełkiego cżłowieka ná świát przychodzáceego.

Die Stiftsbibliothek ist im Besitz mehrerer noch zu Klosterzeiten angeschaffter sogenannter «Polyglotten». Das sind Bibeldrucke in mehreren Sprachen, zumeist Hebräisch, Griechisch und Lateinisch. Häufig tritt mindestens eine weitere biblische Sprache hinzu, nämlich das Chaldäische, eine aramäische Sprache, die also dem Idiom nahekommt, das Jesus Christus sprach. Seit dem Beginn des 16. Jahrhunderts wurden verschiedene solcher vielsprachigen Ausgaben gedruckt. Das ehrgeizigste Unterfangen dieser Art war ein zwölfsprachiges Neues Testament in zwei Bänden des Orientalisten Elias Hutter, das 1599 in Nürnberg gedruckt wurde. Elias Hutter, geboren 1553 in Görlitz, hatte orientalische Sprachen studiert und wurde schon mit 24 Jahren Hebräisch-Professor in Leipzig.

Ein Grundübel seiner Zeit sah Hutter in der Geringschätzung der hebräischen Sprache, «die aller Sprachen Mutter, Quelle und Ursprung» sei (so Hutter in der Vorrede zum ersten Band, das Zitat ist im Original lateinisch), und in der Vernachlässigung der eigenen Muttersprache, des Deutschen, zugunsten des Griechischen und Lateinischen, die zwar an sich nützlich seien, der Jugend aber auf konfuse Art und Weise vermittelt und bis zum Erbrechen vorgesetzt würden.

Das Mittel, das Hutter vorsieht, um diesem Übel entgegenzuwirken und ein besseres Verständnis der Bibel zu ermöglichen, ist eine Präsentation des Bibeltextes in mehreren Sprachen. Wie beim Zusammenspiel unterschiedlicher Instrumente im Ensemble solle aus den verschiedenen Sprachen ein harmonisches Ganzes entstehen.

Im Druckbild sieht das folgendermassen aus: Auf der jeweils linken Seite steht der Bibeltext auf Syrisch, Hebräisch, Griechisch (oben), Italienisch, Spanisch und Französisch (darunter), auf der rechten auf Lateinisch, Deutsch, Böhmisch, Englisch, Dänisch und Polnisch. Die beiden für Hutter zentralen Sprachen Hebräisch und Deutsch sind in der jeweils mittleren, breitesten Spalte einer Seite in der grössten Drucktype gesetzt.

Die Begeisterung für das Hebräische liess Hutter sogar zu einer unwissenschaftlich anmutenden Massnahme greifen. Da er keinen Druck des Neuen Testaments in hebräischer Sprache fand, auf den er hätte zurückgreifen können (was kein Wunder ist, da die Originalsprache des Neuen Testaments Griechisch ist), übersetzte er das Neue Testament selbst ins Hebräische.

Ein finanzieller Erfolg waren die zwölfsprachige Polyglotte und andere mehrsprachige Bibeldrucke für Hutter, der selbst auch als Buchdrucker und Buchhändler arbeitete, allerdings nicht. 1604 musste er Nürnberg verlassen, weil er sich verschuldet hatte. Wahrscheinlich konnte er deshalb seinen in der Vorrede geäusserten Plan, das Neue Testament in noch weiteren zwölf Sprachen zu drucken (darunter Arabisch, Äthiopisch, Russisch, Türkisch und Ungarisch), nicht mehr verwirklichen.

Das Neue Testament – der erste Druck in syrischer Sprache

1555 erschien in Wien erstmals ein Neues Testament in syrischer Sprache. Bei der Herausgabe dieses Drucks arbeiteten drei Personen eng zusammen: Der Orientalist und Theologe Johann Albrecht Widmannstetter (*um 1506 in Nellingen bei Ulm, †1557), der französische Orientalist und Universalgelehrte Guillaume Postel (1510–1581) und der syrisch-orthodoxe Priester Moses von Mardin. Finanzielle Unterstützung beim Druck bekam Widmannstetter vom österreichischen König Ferdinand I., dessen Kanzler er ab 1552 war. Entsprechend den unterschiedlichen Hintergründen der drei Hauptbeteiligten erfüllte das syrische Neue Testament mehrere Zwecke: Einerseits konnte es im Nahen Osten von syrischsprachigen Christen gelesen werden oder zur Missionierung dienen. Zuvor hatten syrische Bibeltexte nur von Hand kopiert werden können, da die syrische Schrift mit ihren vielen Ligaturen (Buchstabenverbindungen) Drucker vor grosse Schwierigkeiten stellte. Daher konnte die Nachfrage nach Bibeln in syrischer Sprache bis zum Erscheinen des Drucks 1555 bei weitem nicht erfüllt werden.

Andererseits konnte das syrische Neue Testament westlichen Gelehrten zum Studium dienen. Das frühchristliche Syrisch oder Westaramäisch ähnelt nämlich dem Aramäischen, das man zur Zeit Jesu in Palästina gesprochen hatte (wenn es auch nicht identisch damit ist), und deshalb waren die syrischen Texte auch bei Bibelforschern im Westen von Interesse.

Der Druck, der sich heute in der Stiftsbibliothek befindet, ist nicht die Erstauflage von 1555, sondern die zweite (mit der ersten wohl identische) Auflage von 1562. Ein ausführlicher Besitzeintrag auf der Titelseite klärt darüber auf, wie das syrische Neue Testament in die Bibliothek des Klosters St. Gallen kam: 1572 erwarb der Konstanzer Pfarrer Friedrich Sandholzer den Druck im Auftrag von Abt Otmar Kunz (Abt 1564–1577) von den Erben des Theologen Georg Tornoander (dieser war Pfarrer in Lindau und Ravensburg gewesen).

In St. Gallen wurde das Buch vom St. Galler Mönch Mauritius Enck intensiv studiert. Dieser stammte aus Altstätten im Rheintal, legte 1559 im Kloster St. Gallen Profess ab und wurde 1564 zum Priester geweiht. Zwischen 1564 und 1571 studierte er an den Jesuitenkollegien Dillingen und Paris und erwarb sich Kenntnisse der lateinischen, französischen, griechischen, hebräischen, syrischen und chaldäischen Sprache. Nach seiner Rückkehr nach St. Gallen wurde er Bibliothekar und Novizenmeister.

Mauritius Enck notierte auf fast allen Seiten des Matthäus-, Lukas- und Johannes-Evangeliums Kommentare am Rand. Kaum Randbemerkungen findet man im Markus-Evangelium, in der Apostelgeschichte und den Briefen. Auf den besonders dicht kommentierten Seiten verwendete Mauritius Enck, wohl um den Überblick zu behalten, Tinten in verschiedenen Farben – schwarz, rot, grün und gelb.

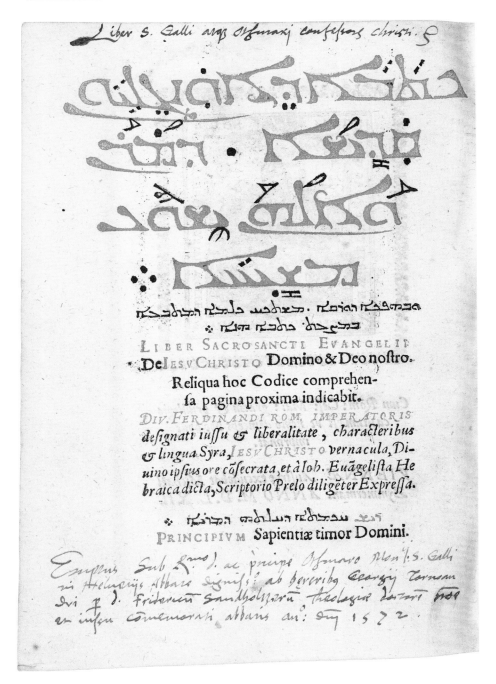

*St. Gallen, Stiftsbibliothek, Bandsignatur C rechts VI 2 (Titelblatt
und fol. 17ʳ). Ketaba d-ewangelyon qaddisa de-maran w-alahan
Yesu' mesiha … = Liber Sacrosancti Evangelii De Iesv Christo
Domino & Deo nostro, [hrsg. von Johann Albert Widmanstetter,]
Wien 1562.*

Ein Neues Testament in malaiischer Sprache aus dem Besitz von Georg Franz Müller (1646–1732)

Bibeln in aussereuropäischen Sprachen spielten in der Klosterbibliothek St. Gallen eine untergeordnete Rolle – sofern es sich nicht um biblische oder verwandte Sprachen handelte. Solche Drucke in hebräischer, chaldäischer oder syrischer Sprache wurden durchaus angeschafft und studiert. Fernöstliche oder afrikanische Sprachen aber sucht man in den Beständen der Bibliothek vor Aufhebung des Klosters (1805) fast vergeblich. Das liegt daran, dass die Benediktinermönche von St. Gallen nicht in die Überseemission involviert waren. Es bestand also kein Bedarf an auf die Missionierung ausgerichteten Bibeln.

So stammt denn auch der erste fernöstliche Bibeldruck, der in die Klosterbibliothek einging, aus einem Nachlass. Es handelt sich um ein Neues Testament in malaiischer Sprache aus dem Besitz von Georg Franz Müller (1646–1723). Georg Franz Müller aus Rufach im Elsass, ein gelernter Büchsenschmied, trat im Alter von 23 Jahren als Soldat in die Dienste der Ostindisch-Holländischen Kompagnie. Von der ereignisreichen Schiffsreise von Amsterdam nach Batavia (heute Jakarta) berichtet er sehr lebhaft in seinem mit vielen Illustrationen versehenen und teilweise in Verse gefassten *Reis- und Figurenbuch* (Cod. Sang. 1311).

Fast 13 Jahre lang hielt sich Georg Franz Müller auf verschiedenen Inseln Südostasiens auf. 1682 kehrte er nach Europa zurück. Er wurde Leibdiener des St. Galler Mönchs Kolumban von Andlau. Dieser war 1662 und 1686 zum Abt des Klosters Murbach im Elsass gewählt worden, konnte aber sein Amt nicht antreten, weil der französische König die Wahl nicht für rechtsgültig erklären wollte. Er zog sich schliesslich 1698 nach St. Gallen zurück, wo er fast wie ein zweiter Abt behandelt wurde. Seinen Leibdiener Georg Franz Müller nahm er mit nach St. Gallen. Dieser handelte für sich ein lebenslanges Recht auf Unterhalt und Wohnung im Kloster St. Gallen aus. Als Gegenleistung versprach er, dass sein Erbe nach seinem Tod an das Kloster fallen sollte. Dieses Erbe umfasste sein *Reis- und Figurenbuch*, einen überwiegend chronologischen Reisebericht (Cod. Sang. 1278), eine kleine Sammlung ostindischer Kuriositäten (von den ehemals 32 Gegenständen sind nur wenige Reste heute noch erhalten) und einige gedruckte Bücher, darunter das Neue Testament in malaiischer Sprache, übersetzt von Daniel Brouwerius (1625–1673) und gedruckt 1668 in Amsterdam.

Malaiisch war die Verkehrssprache im indonesischen Archipel, und Georg Franz Müller hatte es während seines Aufenthalts in Indonesien rasch gelernt. Laut Besitzeintrag auf dem Titelblatt *(Georgius Franciscus Miller 1682)* erwarb Müller das Neue Testament erst 1682, möglicherweise bei seiner Ankunft in Amsterdam. Vielleicht wollte er mit diesem Hilfsmittel seine Kenntnisse der malaiischen Sprache auch nach seiner Rückkehr nach Europa lebendig erhalten.

> *St. Gallen, Stiftsbibliothek, Bandsignatur A links VII 58 (Titelblatt). Testamento Barou, attau Segalla Kitab derri Tuan cami Jesu Christo … [in die malaiische Sprache übersetzt von Daniel Brouwerius], Amsterdam (De Negri) 1668.*

Die Bibel in der Sprache der Cree-Indianer

Unter den im Jahr 1871 der Stiftsbibliothek geschenkten Bibeln in 27 Sprachen (vgl. die Einführung zu dieser Vitrine, S. 99) ist wohl das bemerkenswerteste Exemplar eine Bibel in der Sprache der Cree-Indianer, gedruckt 1861/62 in London.

Die Cree sind ein Indianerstamm in Kanada und Nordamerika, dessen Verbreitungsgebiet sich etwa von den Rocky Mountains im Westen bis zur Labrador-See im Osten und von der Südgrenze der Northwest Territories im Norden bis zu den Grossen Seen im Süden erstreckt. Laut einer Volkszählung in Kanada sprachen im Jahr 2006 gut 75'000 Personen Cree als Muttersprache; damit ist das Cree die am weitesten verbreitete Sprache der sogenannten First Nations, der kanadischen Indianer.

Über Jahrhunderte gab es keine Schrift für die Cree-Sprache. Erst der methodistische Missionar James Evans (1801–1846) entwickelte um 1840 Schriftzeichen. Weil die Umsetzung der Sprache in lateinische Buchstaben zu kompliziert war, erfand er komplett neue Zeichen. Er konnte dabei auf Erfahrungen mit der Pitman-Kurzschrift (einer Art Stenographie), der Cherokee-Schrift und der Silbenschrift indischer Sprachen wie Hindi zurückgreifen.

Die Cree-Schrift ist eine Silbenschrift, d. h., es gibt Zeichen für Konsonanten, die je nach dem Vokal, mit dem sie kombiniert werden, ihre Form ändern. Das Besondere an der Cree-Schrift ist, dass diese Modifikationen des Ausgangszeichens nicht durch Hinzufügen eines Elements geschehen, sondern durch Drehung des Zeichens um 90°, 180° oder 270°. So ist etwa das Zeichen für die Silbe «pa» eine nach links zeigende Spitze (<); zeigt die Spitze nach oben, bedeutet das Zeichen «pi», nach rechts «pe» und nach unten «po». In ihrer ursprünglichen Form besteht die Schrift aus neun Konsonantenzeichen, die jeweils in vier Richtungen ausgerichtet sein können.

Die von Evans entwickelte Schrift wurde von den Cree schnell angenommen. Sie ist leicht zu erlernen und unterscheidet sich deutlich von den Schriften der Kolonialmächte. Widerstand kam hingegen zunächst von Seiten der Missionsgesellschaften, die eine Alphabetisierung der Cree in deren eigener Sprache ablehnten. Die Cree-Schrift breitete sich dennoch so schnell aus, dass gegen Ende des 19. Jahrhunderts die meisten Cree-Indianer lesen und schreiben konnten. Die Cree dürften zu dieser Zeit eines der Völker mit der höchsten Alphabetisierungsrate der Welt gewesen sein, die Rate lag auf jeden Fall höher als bei den europäischstämmigen Kanadiern.

Den ersten Druck, ein Gesangbuch (1841), produzierte Evans unter grössten Mühen mit einer selbst hergestellten Druckerpresse. Das Blei für die Lettern wurde aus den Bleifolien gewonnen, mit denen Teekisten ausgeschlagen waren. Weitere Bücher in Cree wurden erst nach Evans' Tod gedruckt, so auch die ausgestellte Bibel. Abgebildet ist der Beginn des Johannes-Evangeliums.

St. Gallen, Stiftsbibliothek, Bandsignatur C Mitte VI 12 (S. 102).
[Bibel in der Sprache der Cree-Indianer], London 1861/62.

(102)

Γ ⊲·ᒥ ⅃ ∆·ᐅ ᑫ Ꮲ"∆ᑕᒉ ᓇ ⊲ˣ ᐢ ᐒ ᐁᐧ

ᒪ ᓇ ᒪ ᑫ ᐧ ᓂ ᐤ ᐨ ᐨ

1 Ꮮ ⊲·ᒥ ᓂᐨᐨ Ᏹ" ⊲ᐅᐤ ∆Ⴎ·∆·ᐅᐧ ᒉ ∆Ⴎ·∆·ᐅᐧ Ᏹ" ∆·ᐂᐧ·ᐤ Ꮲ ᔦ ᒉ ᐅ ᐧ ⊲ᐧ Ᏹ" Ꮲ ᔦ ᐤ ᐧ ∆·ᐤ ∆ᐢ ∆Ⴎ·∆·ᐅᐧ

2 ᐁ ᐅ ⊲⊲· Ꮮ ⊲·ᒥ ᓂᐨᐨ ᒉ Ᏹ" ∆·ᐂᐧ·ᐧ Ꮲᔦᒉᐅᐧ⊲ᐧ

3 Å·ᐅ ᑫᏢ ᐅ ᐧ ᐢᑋ Ᏹ" ᐅ ᒥᐨᐤ ; Ꮮ ᑫ Å·ᐅ ᐁᐤ ᐁ ∆"ᐨᐧ ᐊᒪ ᐧ ᐧ ᐤ ᑫ ᐅ Ᏹ" ᐅ ᒥᐧ"ᐱ Ⴎ ᐤ ᒉ Ᏹ" ᐅ ᒥᐧ"ᐱ Ⴎ ᐧ

4 Å·ᐅ Ᏹ" ᐱ Ꮮ ᐣ ᒉ ᐊ ·ᐊᐨ ; ᒉ Ꮮ ᑫ ᐱ Ꮮ ᐣ ᒉ ᐊ Ᏹ" ⊲·ᐢ ᐅ ᑫ ᐧ ⊲ᐅ ᐊ ⊲ᐧ

5 ⊲·ᐢ ᐅ ᒉ ∆·ᐅ Ꮮ ᑫ Ᏹ" ᐢ ᐅ Ⴎ ᐤ ⊲·ᐤ ᐧ ᐅ ᐧ ᑋ ᐤ ˣ ; Ꮮ ᑫ ⊲·ᐤ ᐧ ᐅ ᐧ ᑋ ᐤ ᐊ ᒪ Å·ᐅ Ᏹ" ᐅ ᑊᐊᐧ"ᐨ ᒉ Ꮮ ᑫ

6 ¶ Ᏹ" ⊲ᐅᐤ ⊲ ᐅ ᐅ ᐊ ᐤ ᐨ Ꮲ ᔦ ᒉ ᐅ ᐧ ᐧ ᒉ Ᏹ" ᐁ ⊲ᐢ Ⴎ "ᐅ ⊲ᐧ , ᐒ ᐤ ᒉ ⊲ᐢ ᐤ "ᑋᐧ

7 Ᏹ" ᐁ Ꮮ ⊲·ᒥ ⊲⊲· , ᐢ ᐢ ⊲ᐅ ˣ ⊲·ᐢ ᐅ ᒉ ∆·ᐅ ᐧ , ᑫ Ᏹ" ᐅ ᐧ Ꮮ ᑫ ⊲ ᐅ ᐅ ᐊ ⊲· ∆·ᐅ ᑫᏟ ᐅ Ᏹ" ᐨ ᐧ·ᐧ" ᐧ ᒥ Ꮆ ᐧ

8 ᐊ ᒪ Å·ᐅ Å·ᐅ Ᏹ" ⊲⊲·ᐤ ⊲ ᐅ ᒪ Ᏹ" ᐢ ᐅ ᒉ ∆·ᐅ ᐧ , Ꮮ ᑫ Ᏹ" ᐁ ⊲ᐢ Ⴎ ᐤ ⊲·ᐤ ᏢᏢ ᐁ ᐅ ⊲ᐤ ˣ ⊲ ᐅ ᒪ ⊲·ᐢ ᐅ ᒉ ∆·ᐊ ᐅ ᐤ

9 ᐁᐅᐧ ∆ᐢ ᐧᐧ· ⊲·ᐢ ᐅ ᒉ ∆·ᐅ ᐧ , ∆·ᐅ ᐢ ᑋ ᐅ ᑕ ᐨᐤ ᑕ" ⊲ ᐅ ᐅ ᐊ ⊲·ᐨ ᒉ ᐁ ᐤ ᐃ ᑕᐧ ᐅ ᑕ ⊲ ᐅ ᐳ ˣ

10 ⊲ᐢ ᐳ ˣ ∆ᐢ ᒉ Ᏹ" ⊲ᐅᐤ , Å·ᐅ ᒉ Ꮮ ᑫ Ᏹ" ᐅ ᐧ ᒪ ᐧ ⊲ ᐅ ᐳ ᐤ , ᐊ ᒪ Å·ᐅ Ꮮ ᑫ Ᏹ" ᐅ ᐧ ᒪ ᐧᐨ ⊲ ᐅ ᐳ ᐤ

11 Ᏹ" ᐧ ᐋ ᐅ ᐤ ᒉ ᐣ ᐧ ᐧ Ꮮᐧ , Ꮮ ᑫ ᐊ ᒪ Å·ᐅ Ᏹ" ᐅ ᑕ ᐅ ᐣ ᒉ ᐣ ᐧ ᐧ Ꮮᐧ

12 Ꮮ ᑫ (ᐧᐤ) Ᏹ" ᐅ ᑕ ᐅ ᐅ ᐅ ᐧ , ᐁᐅᐧ ᐅ ᒉ Ᏹ" ᐧ ᐧ ᐅ ᐤ ᐢ ᑋ Ꮲᐧ"ᐅⅤ· ᒉ ·ᐅ ᐧ ᐤ ᑕ ᐅ ᑕ ⊲·ᐧ ᒥ ᒥ ⊲ ᐅ ᐧ Ꮲ ᔦ ᒉ ᐅ ᐧ ⊲ᐧ , ᐅ ᐨ ᐅ ᐤ ᑕ ᐣ ᐤ ᒉ ᐧ·ᐧ ⊲ ᑋ ᒥ ᐧ ᐨ ᐧ ᐅ Ⴎ ᐅ ᐣ ᐅ "ᑊ ᐅ ᐧ ᐅ ˣ :

13 ⊲ ᐅ ᒉ ᐁ ᐤ Γ"ᑊˣ ᒉ ᐅ"Ꮲ ᓂᐧ"ᐨᐧ·ᐧ , ⊲ᐅ ᐧ ᐁ ᐤ Å·ᐅ ᒉ ∆·ᐅ ∆ Ⴎ ᐳ ᐧ"ᐨᐃ ᐅ ᐤ ᐧ , ⊲ᐅ ᐧ ᐁ ᐤ ⊲ ᐳ ᐅ ⊲ ∆ Ⴎ ᐳ ᐧ"ᐨᐃ ᐅ ᐤ ᐧ , Ꮲ ᔦ ᒉ ᐅ ᐧ ˣ ∆ᐤ ᐅ"Ꮲ .

14 ¶ ∆Ⴎ·∆·ᐅᐧ Ᏹ" ∆·ᐅ ᒉ ∆·ᐧ"ᐧᐤ , ᒉ ᐊ ᐁᐤ Å·ᐅ ᑕ ᐧᐅ ᐁ ᐤ ᐧ Γ ᑋ ˣ , (ᐁ Ᏹ" ⊲·ᐨ"ᐧ Ꮮ ᑫ Ꮮ ᑫ Å·ᐣ ᐢ ᐅ"ᑊᐧᐨᐃ ⊲·ᐅᐧ , ᐁ ⊲ᐧ Å·ᐣ ᐢ ᐅ"ᑊᐧᐨ ᐃᐊᐧ ᐅ ᐧ ᐅ ᐤ ᐊ ᐁ ·ᐅ ∆·ᐨ· ˣ ,) ᐧᐤ ᑋ ᐤ ᐅ ᐤᐃ ᐅ Ꮲ ᔦ ᐃ · Ⴎ ᐧ ᐅ ᐧ ᒉ ᐊ ᐧ·ᐅ ᐧ

15 ¶ ᐒ ᐤ Ᏹ" ⊲ᐅ ᐧ ᐤ , ᐁ Ᏹ" Ⴎ ᐅ ᐧ , ᐅ ᒥ ᐁ ∆Ⴎ·ᐧ , ᐁᐅᐧ ⊲⊲· ᒉ Ᏹ" ⊲ᐅ ᒪ ᐅ ᑊ ᐧ , ᒉ

16 ᐅ Ꮮ Ꮮ ᐁ·ᐢ"ᐨᐃ ᐅ ∆·ᐅ ˣ Ꮮ ᑫ ᐅ"ᐨᑕ ᐅ ᐤ Ꮲ Ᏹ" ᐅ"Ꮲ ᐅ ᐣ ᐅ ᐤ ˣ Ꮲ ᔦ ᐃ ·ᐣ ᒥ ᐅ ᐧ ᒉ ᐊ Ꮲ ᔦ ᐃ ·ᐣ ᒥ ᐅ ᐧ

17 ∆ᑕ ᐧ·ᐅ·ᐅ ᐧ Ᏹ" ᐃ ᐅ ᐊ ᐅ ᐅ ᐧ ᒍ ᐧ ᐧ , Ꮮ ᑫ Ꮲ ᔦ ᐃ ·ᐣ ᒥ ᐅ ᐧ ᒉ ᐊ ᐧ·ᐧ·∆·ᐅ ᐧ ᐢ ᐢ ᐤ ᑋ ᐅ ᐧ Ᏹ" ᐧ ᐧ ᐧ

18 ᐊ ᒪ Å·ᐧ"ᐤᐧ ⊲⊲·ᐢ Ᏹ" ⊲·⊲ᐧᐤ Ꮲ ᔦ ᒉ ᐅ ᐧ ⊲ᐧ , ᐧᐤ ᐧᐢ ᐧᐤ ᐡ , ᐤ ᐊ ᐤ ᒍ ᐅ ·ᐅ ˣ ᐁ ᐧ·ᐤ ·∆·ˣ ᒉ ᐧ ᐢ ᐤ , Å·ᐅ ᐧᐤ Ᏹ" ⊲·ᐧ"Ⴎ ᐧ·ᐤ

19 ᐁᐅᐧ ᐤ Ꮮ ᐧ ᐧ ᒉ Γ ⅃ ᐅ ᐧ ᐒ ᐧ , ᐤ ᐢ Å ᐢ ᒍ ᐢ ᐧᐧ ᐢ ⊲ Γ ᐤ ᐧ ᐊ ᑋ ᐅ ᑕ Ⴎ ᐅ ᐤ ᐧ ᒉ ᐊ ᐋ ⊲ᑕ , ᏢᏢ ᑫ ᐧ·ᒥ Ꮮᐧ , ⊲ᐁ ᐊ ᐅ ᐧ ?

20 Ᏹ" ∆·ᐧ"ᐨᐧ Ꮮ ᑫ , ᐊ ᒪ Å·ᐅ Ᏹ" ⊲ᐅ·ᐧ"ᐨᐧ ; Ꮮ ᑫ Ᏹ" ᐊ ᒥ Å·ᐧ"ᐨᐧ , ᐊ ᒪ ⊲ᐤ ᐅ ᐤ ᐧ ᐅ·ᐧ

21 Ᏹ" ᑫ ᐧ·Γ ⊲·ᐧ Ꮮ ᑫ , ⊲ᐁ ᐊ Ꮮ ᑫ ? ∆ ᐢ ⊲ᐅ ˣ ᐢ ᐧ ᐅ ? ᐅ Γ ᒥ Ꮮ ᑫ ∆Ⴎ·ᐤ , ᐊ ᒪ Å·ᐅ ᐣ ᐃ ·ᐅ ᐧ . ᐧ ᐅ ᐢ ᐧ ⊲ᐤ ᐅ ᐧ ᐤ·ᐧᐤ ᒥ ᒉ ᐧ·ᐅ ᐅ ? ᐅ Γ ᒥ Ꮮ ᑫ Ᏹ" ᐧ ᐨ ᐊ ᐅ ᐧ·⊲·Γ ᐧ ᐤ , ᐊ ᒪ

22 ᐅ Γ ᒥ Ꮮ ᑫ Ᏹ" ∆Ⴎ ⊲ᐧ·ᐧ , ⊲ᐁ ᐊ ᐅ ᐧ ᐅ ? ᑫ ⊲ᐧ ⊲ Γ ⅃ ᐧ·ᐨ ᐊ·Ᏹ"ᐧ·ᐤ ᒉ Ᏹ" ᐁ ⊲ᐧ ᐨ ᐧᐤ ᑋ ᐧ ᐧ" . ᐨ ⊲ᐧ Ꮮ ᑫ ᐅ ᐧ ᐅ ∆ ᑕ Γ Γ ᐧᐅ ?

23 ᐅ Γ ᒥ Ꮮ ᑫ Ᏹ" ∆Ⴎ·ᐤ , ᐅᐅ ⊲ᐊ ᒉ Ꮮ Ⴎ·ᐧ· Ⴎ Ⴎ·ᐧ , ᑋ ᐅ ᐧ ·ᑋᐤ"ᐨ ·∆·ˣ ⊲·ᐨ ᐨ ᐤ ᐊ ᐤ ᐢ Ⴎ ᐧ ᐧᐤ"ᐧᐧ" , ᒉ Ᏹ" ∆Ⴎ·ᐧ ᐤ ᐅ ᐧ·"ᐧᐧ ∆·ᐅ ᒉ ᐅ ᐧ ∆ᐅ ᐅ ᐤ

24 ⊲ ᐅ ᑕ Ꮮ ᑫ ᒉ Ᏹ" ᐁ ⊲·ᐣ ᐣ ᐧ"ᐤᐧ Ᏹ" ⊲ᐅ ⊲·ᐨ ᐧ·ᐧᐤ

25 Ᏹ" ᑫ ᐧ·Γ ⊲·ᐧ Ꮮ ᑫ , ᐤ Γ ᒥ Ᏹ" ⊲ᐨ Γ ᐧ , ᐨ ᐅ"Ꮲ Ꮮ ᑫ ⊲·ᐨ ᐃ ·ᐅ ᐧ·ᐤᐧ , Ᏹ"·ᐢ ᐢ ᐊ ᒪ ⊲ᐤ ᐤ ᐧ ⊲ᐊ ᐤ ᐨ ᐧ , ⊲ᐅ ˣ ∆ ᐢ ⊲ᐅ ᐧ , ⊲ᐅ ˣ ⊲ᐊ ᐤ ᐤ·ᐧᐤ" ᐧᐧ ᐅ ·ᐅ ᐧ ?

26 ᐒ ᐤ Ᏹ" ᐊ ᐧ·⊲·Γ ᐧ ᐤ , ᐤ Γ ᒥ ᐁ ∆Ⴎ·ᐧ , ᐣ ᐧ ᐤ ᐧ ᐅ"Ꮲ ⊲·ᐨ ᐃ ·ᐤ·ᐤ ; Ꮮ ᑫ ᐧ ᐢ ᐧ Ꮲ Å·ᐤᐧᑋ·ᐤ Å·ᐧ"ᐨᐃ ·ᐧ·ᐤ , ᐁ ᐤ ᒉ Ꮲ ᔦ ᒉ Ꮮ ⊲·ᐧ

27 ᐁᐅᐧ ⊲⊲· , ᒉ ᐁ ⊲·ᐣ ᐣ ᐧ"ᐤᐧ ⊲⊲·ᐨ ᐧ ∆·ᐣ "ᐅ ᐧ ᐢ"ᐨᐃ ᐧᐧ" ∆ᐢ Å ᐢ ᐨ ᐅ ᐅ , ᐤ Ꮮ ᐧᑊ ᐧ·ᐤ ᐢ ᐊ Ꮮ ᑫ ᐧ ᐣ ᐅ ᐣ ᐧ ᐧ"ᐤᐧ ᐧ·ᐧᐧ" ᐨ Γ ᏢᏢ ⊲·ᐧ"⊲ Ꮮ·ᐧ

28 ⊲ᐤ ᒉ ∆ᐢ ᐁ·ᐧ ⊲·ᐤ ᐧ Ꮲ Ᏹ" ᐅ ᐧ ⊲ᐤ"Ꮲ ᐧ ⊲⊲·ᐧ·Ⴎ"ᑋ ᐤ ᐧ ᐢ ᐧ ᐂ ᐧ ˣ , ᐒ ᐤ ᒉ Ᏹ" ᐤᐧ ᐢ ᐧ ᐂ ᐧ ᐧ·ᐧ ∆·ᐧᐧ .

29 ¶ ᒉ ⊲ᐣ ⊲·⊲·ᐣ ᐧ ᐒ ᐤ ᐁ ⊲·ᐤ Ꮮᐧ

Anhang

Literaturhinweise

Vorbemerkung: In der Stiftsbibliothek (Büro Ausleihe) ist für die Dauer der Ausstellung ein Handapparat mit Literatur zur Ausstellung aufgestellt; die Bücher können dort im Lesesaal konsultiert oder ausgeliehen werden.

Allgemeine und einführende Literatur: Die Bibel in der Schweiz und in der Welt. Katalog der Sammlung Karl J. Lüthi, veröffentlicht durch die Schweizerische Landesbibliothek, Bern 1931. – HANS ROST, Die Bibel im Mittelalter. Beiträge zur Geschichte und Bibliographie der Bibel, Augsburg 1939. – BERYL SMALLEY, The study of the Bible in the Middle Ages, Oxford 1952. – JOHANNES DUFT, Die Bibel in der Stiftsbibliothek St. Gallen. Ausstellungsführer, St. Gallen 1981. – PIERRE RICHÉ und GUY LOBRICHON, Le Moyen Age et la Bible, Paris 1984. – The Early Medieval Bible. Its production, decoration and use, hrsg. von RICHARD GAMESON, Cambridge 1994. – Die Bibel in der Schweiz. Ursprung und Geschichte, hrsg. von der Schweizerischen Bibelgesellschaft, Basel 1997; darin u. a.: PETER OCHSENBEIN, Die Bibel im mittelalterlichen Benediktinerkloster St. Gallen, S. 31–42. – RUPERT SCHAAB, Bibeltext und Schriftstudium in St. Gallen, in: Das Kloster St. Gallen im Mittelalter. Die kulturelle Blüte vom 8. bis zum 12. Jahrhundert, hrsg. von PETER OCHSENBEIN, Stuttgart 1999, S. 119–136 und 248–253. – The practice of the Bible in the Middle Ages: production, reception and performance in Western Christianity, hrsg. von SUSAN BOYNTON, New York 2011. – CHRISTOPHER DE HAMEL, Bibles. An Illustrated History from Papyrus to Print, Bodleian Library Oxford 2011. – PETER STOTZ, Die Bibel auf Latein – unantastbar? (= Mediävistische Perspektiven 3), Zürich 2011.

Kurzbiographien St. Galler Mönche: RUDOLF HENGGELER, Professbuch der fürstlichen Benediktinerabtei der Heiligen Gallus und Otmar zu St. Gallen (= Monasticon-Benedictinum Helvetiae), Zug [1929].

Allgemein zum Kloster St. Gallen und zu Handschriften der Stiftsbibliothek: Ekkehard IV., Casus sancti Galli – St. Galler Klostergeschichten, hrsg. und übersetzt von HANS F. HAEFELE (= Ausgewählte Quellen zur deutschen Geschichte des Mittelalters. Freiherr vom Stein-Gedächtnisausgabe 10), Darmstadt 1980. – KARL SCHMUKI, PETER OCHSENBEIN, CORNEL DORA, Cimelia Sangallensia. Hundert Kostbarkeiten aus der Stiftsbibliothek St. Gallen, St. Gallen 1998, ²2000. – ANTON VON EUW, Die St. Galler Buchkunst vom 8. bis zum Ende des 11. Jahrhunderts (= Monasterium Sancti Galli 3), 2 Bde., St. Gallen 2008. – JOSEF GRÜNENFELDER, Der Stiftsbezirk St. Gallen – Kulturhistorischer Führer, Lindenberg im Allgäu 2012. – Mittelalterliche Handschriften der Stiftsbibliothek St. Gallen können in wachsender Zahl im Rahmen des Unternehmens «Codices Electronici Sangallenses (CESG)» im Internet frei besichtigt und mit Hilfe der begleitenden Beschreibungen erforscht werden (Stand Oktober 2012: 436 Handschriften): www.cesg.unifr.ch.

Literatur zur Vitrine 1:

Das Wort kommt nach St. Gallen:

St. Gallen als wichtiger Hort der Bibelüberlieferung

Zu den Vetus-Latina-Fragmenten der Stiftsbibliothek (Handschrift Nr. 1394): Pierre Batiffol, Fragmenta Sangallensia. Contribution à l'histoire de la Vetus Itala, in: Revue archéologique 4 (1885), S. 305–321. – John Wordsworth, William Sanday und Henry Julian White, Portions of the Gospels according to St. Mark and St. Matthew from the Bobbio ms. (k), now numbered G. VII.15 in the National Library at Turin, together with other fragments of the Gospels (= Old-Latin Biblical Texts II), Oxford 1886. – Bernhard Bischoff, Neue Materialien zum Bestand und zur Geschichte der altlateinischen Bibelübersetzungen, in: Studi e Testi 121 (Miscellanea Giovanni Mercati I), 1946, S. 407–436. – Codices Latini Antiquiores, hrsg. von Elias Avery Lowe, Teil 7: Switzerland, Oxford 1956, Nr. 978a und 978b. – Roger Gryson, Altlateinische Handschriften – Manuscrits vieux latins. Répertoire descriptif, 2 Bde., Freiburg i. Br. 1999–2004, Bd. 1, S. 39. – Die Vetus Latina-Fragmente aus dem Kloster St. Gallen. Faksimile – Edition – Kommentar, hrsg. von Rudolf Gamper, Philipp Lenz, Andreas Nievergelt, Peter Erhart und Eva Schulz-Flügel, Dietikon-Zürich 2012.

Zum fragmentarischen altlateinischen Psalter und zur Palimpsest-Handschrift Nr. 912: Glossae codicum Vaticani 3321, Sangallensis 912, Leidensis 67F, hrsg. von Georg Götz (= Corpus Glossariorum Latinorum 4), Leipzig 1889. – Paul Lehmann, Eine Palimpseststudie: St. Gallen 912 (= Sitzungsberichte der Bayerischen Akademie der Wissenschaften. Philosophisch-historische Klasse 1931, Heft 1), München 1931. – Alban Dold und Arthur Allgeier, Der Palimpsestpsalter im Codex Sangallensis 912. Eine altlateinische Übersetzung des frühen 6. Jahrhunderts aus der einstigen Klosterbibliothek von Bobbio. Im Anhang: Ein neues Bruchstück mit altlateinischem Jeremiastext im Cod. Sangall. 912 (= Texte und Arbeiten, hrsg. durch die Erzabtei Beuron, 1. Abteilung, Heft 21–24), Beuron 1933. – Robert Weber, Le psautier romain et les autres anciens psautiers latins. Édition critique, Rom 1953, bes. S. X und XVIII. – Lowe, Codices Latini Antiquiores (wie Cod. 1394), Nr. 967–975. – Klaus Gamber, Codices Liturgici Latini Antiquiores (= Spicilegii Friburgensis Subsidia 1), Freiburg i. Ü. 1968, S. 36–37 (genannt unter den «Documenta Liturgiae Africanae»). – Gryson, Altlateinische Handschriften (wie Cod. 1394), S. 39 und Bd. 2, S. 35.

Zu den Fragmentblättern der ältesten Vulgata-Fassung der Evangelien (Handschrift Nr. 1395): Samuel Berger, Histoire de la Vulgate pendant les premiers siècles du Moyen Âge, Paris 1893, S. 113–151. – Cuthbert Hamilton Turner, The Oldest Manuscript of the Vulgate Gospels, Oxford 1931 (mit Edition). – Alban Dold, Neue Teile der ältesten Vulgata-Evangelienhandschrift aus dem 5. Jahrhundert, in: Biblica 22 (1941), S. 105–146. – Bernhard Bischoff, Zur Rekonstruktion des Sangallensis (Σ) und der Vorlage seiner Marginalien, ebd., S. 147–158. – Lowe, Codices Latini Antiquiores (wie Cod. 1394), Nr. 984. – Walter Berschin, Biographie und Epochenstil im lateinischen Mittelalter, Bd. 1, Stuttgart 1986, S. 151–156. – Christopher de Hamel, Das Buch. Eine Geschichte der Bibel, Berlin 2002, S. 25–27.

Zur Prophetenhandschrift des späten 5. Jahrhunderts (Handschrift Nr. 193): Codex Sangallensis 193, continens fragmenta plurium prophetarum secundum translationem S. Hieronymi, hrsg. von Anselm Manser (= Spicilegium Palimpsestorum 1), Beuron/Leipzig 1913. – Alban Dold, Prophetentexte in Vulgata-Übersetzung nach der ältesten Handschriftenüberlieferung der St. Galler Palimpseste No. 193 und No. 567 (= Texte und Arbeiten, hrsg. durch die Erzabtei Beuron, 1. Abteilung, Heft 1/2), Beuron 1917. – Lowe, Codices Latini Antiquiores (wie Cod. 1394), Nr. 915 und 916. – Katalog der althochdeutschen und altsächsischen Glossenhandschriften, bearbeitet von Rolf Bergmann und Stefanie Stricker, Berlin 2005, Bd. 1, S. 498–499. – Biblia sacra iuxta latinam vulgatam versionem, Bd. 15: Liber Hiezechielis, Rom 1978; Bd. 16: Liber Danihelis, Rom 1981; Bd. 17: Liber duodecim prophetarum ex interpretatione sancti Hieronymi, Rom 1987.

Literatur zu den Vitrinen 2 und 3:

Das Ringen um das Wort:

Auseinandersetzung mit dem Bibeltext im frühmittelalterlichen Kloster St. Gallen

Zur Einführung: Bonifatius Fischer, Bibeltext und Bibelreform unter Karl dem Großen, in: ders., Lateinische Bibelhandschriften im frühen Mittelalter (= Vetus Latina. Die Reste der alt-lateinischen Bibel. Aus der Geschichte der lateinischen Bibel 11), Freiburg i. Br. 1985, S. 101–202, bes. S. 180–185. – Schaab, Bibeltext (wie Allgemeine Literatur), S. 119–125 und 248–250.

Zu Winithars Abschrift der Paulusbriefe (Handschrift Nr. 70): Lowe, Codices Latini Antiquiores (wie Cod. 1394, Vitrine 1), Nr. 903. – Fischer, Bibeltext (wie Einführung, Vitrine 2/3), S. 181. – Beat von Scarpatetti, Schreiber-Zuweisungen in St. Galler Handschriften des achten und neunten Jahrhunderts, in: Codices Sangallenses. Festschrift für Johannes Duft zum 80. Geburts-tag, hrsg. von Peter Ochsenbein und Ernst Ziegler, Sigmaringen 1995, S. 25–56, bes. S. 27–29. – Schaab, Bibeltext (wie Allgemeine Literatur), S. 122 und 149. – von Euw, Buchkunst (wie All-gemeine Literatur), Nr. 3, S. 298–299.

Zur Abschrift der Prophetenbücher aus dem 9. Jahrhundert (Handschrift Nr. 43): Biblia sacra iuxta latinam vulgatam versionem, Bd. 15: Liber Hiezechielsis, Rom 1978. – von Scarpatetti, Schreiber-Zuweisungen (wie Cod. 70), bes. S. 38–43. – Schaab, Bibeltext (wie Allgemeine Lite-ratur), S. 123 und 249. – von Euw, Buchkunst (wie Allgemeine Literatur), Nr. 20, S. 314–315.

Zur Alkuin-Bibel (Handschrift Nr. 75): Bonifatius Fischer, Die Alkuin-Bibel (= Aus der Geschichte der lateinischen Bibel 1), Freiburg i. Br. 1957. – Ders., Die Alkuin-Bibeln, in: ders., Lateinische Bibelhandschriften im frühen Mittelalter (= Vetus Latina. Die Reste der altlateini-schen Bibel. Aus der Geschichte der lateinischen Bibel 11), Freiburg i. Br. 1985, S. 203–403. – David Ganz, Mass production of early medieval manuscripts: the Carolingian Bibles from Tours, in: Gameson, Early Medieval Bible (wie Allgemeine Literatur), S. 53–62. – Rosamond McKitterick, Carolingian Bible production: the Tours anomaly, ebd., S. 63–77. – Werner Vogler, St. Martin in Tours und St. Gallen. Europäische Beziehungen zwischen zwei karolin-gischen Klöstern, in: Codices Sangallenses. Festschrift für Johannes Duft zum 80. Geburtstag, hrsg. von Peter Ochsenbein und Ernst Ziegler, Sigmaringen 1995, S. 117–136. – Schaab, Bibeltext (wie Allgemeine Literatur), S. 123 und 249. – Karl Schmuki, Die lateinische Alkuin-Vollbibel aus Tours, in: Cimelia Sangallensia (wie Allgemeine Literatur), Nr. 19, S. 48–49 und 216.

Zur «Kleinen Hartmut-Bibel» und zum *Psalterium iuxta Hebraeos* (Handschrift Nr. 19): Sancti Hieronymi Psalterium iuxta Hebraeos, hrsg. von Henri de Sainte-Marie, Vatikanstadt 1954, S. X und XXXVI. – Schaab, Bibeltext (wie Allgemeine Literatur), S. 123–125 und 250. – Sidney Tibbetts, Uses of the Psalter in Carolingian St. Gallen, Diss. University of Cambridge 2002 [Typo-skript], S. 38–45. – Hannes Steiner, Buchproduktion und Bibliothekszuwachs im Kloster St. Gallen unter den Äbten Grimald und Hartmut, in: Ludwig der Deutsche und seine Zeit, hrsg. von Wilfried Hartmann, Darmstadt 2004, S. 161–183.

Zur «Grossen Hartmut-Bibel» (Handschrift Nr. 83): Schaab, Bibeltext (wie Allgemeine Litera-tur), S. 123–125 und 250. – Karl Schmuki, Der letzte Band der ‹Grossen Hartmut-Bibel›, in: Cimelia Sangallensia (wie Allgemeine Literatur), Nr. 34, S. 78–79 und 217. – Steiner, Buchpro-duktion (wie Cod. 19).

Zum glossierten Psalterium (Handschrift Nr. 27): Margaret Gibson, Carolingian Glossed Psal-ters, in: Gameson, Early Medieval Bible (wie Allgemeine Literatur), S. 78–100. – Karl Schmuki, Das glossierte Psalterium von St. Gallen, in: Cimelia Sangallensia (wie Allgemeine Literatur), Nr. 30, S. 70–71 und 217. – Tibbetts, Psalter (wie Cod. 19), S. 105–148.

Literatur zur VITRINE 4:

Das tägliche Wort:

Die meistgelesenen Bibeltexte im Kloster

Zum «Zürcher Psalter» (Zentralbibliothek Zürich, Ms. C 12): CHRISTOPH EGGENBERGER, in: Zentralbibliothek Zürich. Schätze aus vierzehn Jahrhunderten, hrsg. von ALFRED CATTANI und HANS JAKOB HAAG, Zürich 1991, S. 14–17 und 146. – DERS., Das Psalterbild als Exegese, in: Testo e immagine nell'alto medioevo, Spoleto 1994, S. 773–798. – VON EUW, Buchkunst (wie Allgemeine Literatur), Nr. 32, S. 324–326.

Zum Wolfcoz-Psalter (Handschrift Nr. 20): KARL SCHMUKI, Frühe sanktgallische Initialkunst im Wolfcoz-Psalter, in: Cimelia Sangallensia (wie Allgemeine Literatur), Nr. 22, S. 54–55 und 216. – The illuminated Psalter. Studies in the content, purpose and placement of its images, hrsg. von F. O. BÜTTNER, Turnhout 2004. – VON EUW, Buchkunst (wie Allgemeine Literatur), Nr. 33, S. 326–329.

Zum Goldenen Psalter (Handschrift Nr. 22): CHRISTOPH EGGENBERGER, Psalterium Aureum Sancti Galli. Mittelalterliche Psalterillustration im Kloster St. Gallen, Sigmaringen 1987. – RUPERT SCHAAB, Aus der Hofschule Karls des Kahlen nach St. Gallen. Die Entstehung des Goldenen Psalters, in: Codices Sangallenses. Festschrift für Johannes Duft zum 80. Geburtstag, hrsg. von PETER OCHSENBEIN und ERNST ZIEGLER, Sigmaringen 1995, S. 57–80. – KARL SCHMUKI, Ein einzigartiges Denkmal der karolingischen Zeit: Der Goldene Psalter von St. Gallen, in: Cimelia Sangallensia (wie Allgemeine Literatur), Nr. 38, S. 86–87 und 218. – BÜTTNER, The illuminated Psalter (wie Cod. 22). – VON EUW, Buchkunst (wie Allgemeine Literatur), Nr. 98, S. 117–132 und 400–408.

Zum irischen Johannes-Evangelium (Handschrift Nr. 60): JOHANNES DUFT und PETER MEYER, Die irischen Miniaturen der Stiftsbibliothek St. Gallen, Olten/Bern/Lausanne 1953, S. 71 und 105–106. – PETER OCHSENBEIN, KARL SCHMUKI und ANTON VON EUW, Irische Buchkunst. Die irischen Handschriften der Stiftsbibliothek St. Gallen und das Faksimile des Book of Kells. Führer durch die Ausstellung in der Stiftsbibliothek St. Gallen (29. November 1989 bis 3. November 1990), St. Gallen 1990, S. 29–32. – JOHANNES DUFT, Die irischen Handschriften der Stiftsbibliothek St. Gallen, in: DERS., Die Abtei St. Gallen I: Beiträge zur Erforschung ihrer Manuskripte, Sigmaringen 1990, S. 33–55.

Zum kommentierten Evangeliar (Handschrift Nr. 50): BERNHARD BISCHOFF, Zur Rekonstruktion der ältesten Handschrift der Vulgata-Evangelien und der Vorlage ihrer Marginalien, in: DERS., Mittelalterliche Studien I, Stuttgart 1966, S. 101–111. – FRANCESCA SARA D'IMPERIO, Le glosse ai quattro Vangeli nel ms. St. Gallen, Stiftsbibliothek 50, in: Studi Medievali 41 (2000), S. 549–590. – VON EUW, Buchkunst (wie Allgemeine Literatur), Nr. 80, S. 378–379.

Zum Gundis-Evangelistar (Handschrift Nr. 54): KARL SCHMUKI, Das Gundis-Evangelistar, in: Cimelia Sangallensia (wie Allgemeine Literatur), Nr. 46, S. 102–103 und 219. – VON EUW, Buchkunst (wie Allgemeine Literatur), Nr. 107, S. 422–425.

Zur Abschrift der Paulus-Briefe (Handschrift Nr. 64): HERMANN JOSEF FREDE, Altlateinische Paulus-Handschriften, Freiburg i. Br. 1964, S. 56–60. – CORNEL DORA, Der Apostel Paulus predigt den Juden und Heiden, in: Cimelia Sangallensia (wie Allgemeine Literatur), Nr. 48, S. 106–107 und 219. – VON EUW, Buchkunst (wie Allgemeine Literatur), Nr. 96, S. 392–394.

Literatur zur VITRINE 5:
Das Wort in fremden Zungen:
Nichtlateinische Bibelhandschriften

Zu den griechischen Bibeltexten (Handschriften Nr. 17 und 48): FREDE, Paulus-Handschriften
(wie Cod. 64, Vitrine 4), S. 62–76. – WALTER BERSCHIN, Griechisch-lateinisches Mittelalter. Von
Hieronymus zu Nikolaus von Kues, Bern/München 1980, S. 16, 23–24, 173–176 und 190–191. –
FLORENTINE MÜTHERICH, Das Verzeichnis eines griechischen Bilderzyklus in dem St. Galler
Codex 48, in: Dumbarton Oaks Papers 41 (1987), S. 415–423. – BERNICE M. KACZYNSKI, Greek in
the Carolingian age. The St. Gall manuscripts, Cambridge (Mass.) 1988, bes. S. 75–98. – MICHAEL
W. HERREN, St. Gall 48: A Copy of Eriugena's Glossed Greek Gospels, in: Tradition und Wertung.
Festschrift für Franz Brunhölzl, hrsg. von GÜNTER BERNT u. a., Sigmaringen 1989, S. 97–105. –
JOHANNES DUFT, Die griechischen Handschriften der Stiftsbibliothek St. Gallen, in: DERS., Die
Abtei St. Gallen I: Beiträge zur Erforschung ihrer Manuskripte, Sigmaringen 1990, S. 56–61. –
KARL SCHMUKI, Das griechisch-lateinische Evangeliar von St. Gallen in irischer Schrift: Der
Codex Delta, in: Cimelia Sangallensia (wie Allgemeine Literatur), Nr. 29, S. 68–69 und 217.

Zur Evangelienharmonie des Tatian (Handschrift Nr. 56): Ausgabe: Die lateinisch-althochdeutsche Tatianbilingue Stiftsbibliothek Cod. 56, hrsg. von ACHIM MASSER (= Studien zum Althochdeutschen 25), Göttingen 1994. – JOHANNES RATHOFER, Tatian und Fulda. Die St. Galler Handschrift und der Victor-Codex, in: Zeichen und Formen in Sprache und Dichtung. Festschrift
Fritz Tschirch, Köln 1972, S. 337–356. – ACHIM MASSER, Art. «Tatian», in: Die deutsche Literatur
des Mittelalters. Verfasserlexikon, Bd. 9, Berlin / New York ²1995, Sp. 620–628. – PETER OCHSEN-
BEIN, Das älteste muttersprachliche Evangelium – der ‹Althochdeutsche Tatian›, in: Cimelia
Sangallensia (wie Allgemeine Literatur), Nr. 28, S. 66–67 und 217.

Zum Psalter Notkers des Deutschen (Handschrift Nr. 21): Ausgabe: Notker der Deutsche, Der
Psalter, hrsg. von PETRUS W. TAX (= Althochdeutsche Textbibliothek 84, 91 und 93), Tübingen
1979–1983. – Der Liber Benedictionum Ekkeharts IV. nebst den kleinern Dichtungen aus dem
Codex Sangallensis 393, hrsg. von JOHANNES EGLI (= Mitteilungen zur Vaterländischen
Geschichte 31), St. Gallen 1909, hier S. 230–231. – ALFRED WOLF, Ekkehard IV. und Notker Labeo,
in: Studia Neophilologica 33 (1961), S. 145–158. – PETER OCHSENBEIN, Der althochdeutsche
Psalter des Notker Labeo, in: Cimelia Sangallensia (wie Allgemeine Literatur), Nr. 64, S. 138–139
und 221. – LUDWIG RÜBEKEIL, Notker der Deutsche: Psalmen-Kommentar, in: Geheimnisse auf
Pergament. Katalog zur Jahresausstellung in der Stiftsbibliothek St. Gallen (3. Dezember 2007 –
9. November 2008), St. Gallen 2008, S. 82–83.

Zum arabischen Evangeliar (Codex Pandeli): Beschreibung von Henning Sievert, Universität
Zürich, 2009, auf www.e-codices.unifr.ch (unter Utopia).

Literatur zur Vitrine 6:

Das Wort wird bearbeitet:

Auf der Bibel beruhende Texte des Hoch- und Spätmittelalters

Zum Kommentar des Petrus Lombardus zu den Paulusbriefen (Handschrift Nr. 334): C. R. Dod-well, The Canterbury School of Illumination 1066–1200, Cambridge 1954, S. 104–109 und Abb. 65. – J. J. G. Alexander und C. M. Kauffmann, English illuminated manuscripts 700–1500 [Bibliothèque Royale Albert 1er, Exhibition. Catalogue], Brüssel 1973, Nr. 37, S. 64–66. – Walter Cahn, St. Albans and the Channel Style in England, in: The Year 1200. A Symposium. Texts by François Avril …, [New York] 1975, S. 187–230, bes. S. 196–198, 207–208 (Anm. 56–68) und 228–229 (Abb. 32–35). – J. J. G. Alexander, Initialen aus großen Handschriften, München 1978, S. 23–24 mit Abb. XIX. – Karl Schmuki, Ein aus Italien stammender Kommentar des Petrus Lombardus zu den Briefen des Apostels Paulus, in: Cimelia Sangallensia (wie Allgemeine Literatur), Nr. 72, S. 154–155 und 222.

Zum Blockbuch der «Biblia pauperum» (Holztafeldruck 1): Horst Kunze, Geschichte der Buchillustration in Deutschland: Bd. 1: Das 15. Jahrhundert, Textband, S. 113–131. – The Bible of the Poor [Biblia Pauperum]. A Facsimile and Edition of the British Library Blockbook C.9 d.2. Translation and Commentary by Albert C. Labriola and John W. Smeltz, Pittsburgh 1990. – Blockbücher des Mittelalters. Bilderfolgen als Lektüre. Ausstellungskatalog, hrsg. von der Gutenberg-Gesellschaft und dem Gutenberg-Museum, Mainz 1991.

Zu den paraphrasierten Evangelientexten in der Leben-Jesu-Handschrift Nr. 599: Kurt Ruh, Bonaventura deutsch. Ein Beitrag zur deutschen Franziskaner-Mystik und -Scholastik, Bern 1956, S. 271. – Karl-Ernst Geith: Die Leben-Jesu-Übersetzung der Schwester Regula aus Lichtenthal, in: Zeitschrift für deutsches Altertum und deutsche Literatur 119 (1990), S. 22–37. – Hans-Walter Stork, Betrachtungen zum Leben Jesu. Liège, Bibliothèque générale de l'Université, Ms. Wittert 71 (= Codices illuminati medii aevi 22), München 1991. – Karl-Ernst Geith, Lateinische und deutschsprachige Leben Jesu-Texte. Bilanz und Perspektiven der Forschung, in: Jahrbuch der Oswald von Wolkenstein-Gesellschaft 12 (2000), S. 273–289.

Zum *Evangeli- und Epistel-Buoch* der geistlichen Menschen im Martinstobel (Handschrift Nr. 373): Jochen Splett, Das hymelreich ist gleich einem verporgen schatz in einem acker … Die hochdeutschen Übersetzungen von Matthäus 13,44–52 in mittelalterlichen Handschriften (= Litterae. Göppinger Beiträge zur Textgeschichte Nr. 108), Göppingen 1987, bes. S. 35*f. – Carsten Kottmann, Das buch der evangelii und epistel. Untersuchungen zur Überlieferung und Gebrauchsfunktion südwestdeutscher Perikopenhandschriften, Münster / New York / München / Berlin 2009, bes. S. 160–210 und 421–435.

Zum St. Galler Weihnachtsspiel (Handschrift Nr. 966): Joseph Klapper, Das St. Galler Spiel von der Kindheit Jesu. Untersuchungen und Text (= Germanistische Abhandlungen 21), Breslau 1904. – Albrecht Goes, Das Sankt-Galler Spiel von der Kindheit Jesu erneuert, in: ders., Aber im Winde das Wort. Prosa und Verse aus zwanzig Jahren, Berlin 1966, S. 365–420. – Emilia Bätschmann, Das St. Galler Weihnachtsspiel (= Altdeutsche Übungstexte 21), Bern 1977. – Johannes Duft, Weihnacht im Gallus-Kloster. Bilder und Texte aus der Stiftsbibliothek St. Gallen, ³1986, S. 31–38. – Rolf Bergmann, Katalog der deutschsprachigen geistlichen Spiele und Marienklagen des Mittelalters, München 1986, S. 136–138.

Literatur zur VITRINE 7:

Das Wort fürs Volk:

Deutschsprachige Bibeldrucke

Zur Einführung: Die Bibel und Württemberg. Die Bibelsammlung der Württembergischen Landesbibliothek. Katalog zur Ausstellung der Württembergischen Landesbibliothek Stuttgart vom 13. Mai bis 31. Juli 2009 [Katalog: EBERHARD ZWINK mit Einzelbeiträgen von Stefan Strom u.a.], S. 151–152.

Zum illustrierten Plenar, Augsburg 1478 (Inkunabel Nr. 534): PAUL PIETSCH, Ewangely und Epistel Teutsch. Die gedruckten Perikopenbücher (Plenarien) 1473–1523. Ein Beitrag zur Kenntnis der Wiegendrucke, zur Geschichte des deutschen Schrifttums und der deutschen Sprache, insbesondere der Bibelverdeutschung und der Bibelsprache, Göttingen 1927, bes. S. 14–17. – HEIMO REINITZER und OLAF SCHWENCKE, Art. «Plenarien», in: Die deutsche Literatur des Mittelalters. Verfasserlexikon, Bd. 7, Berlin / New York ²1989, Sp. 737–763. – ALBERT SCHRAMM, Der Bilderschmuck der Frühdrucke. 4. Die Drucke von Anton Sorg in Augsburg. Unveränderter Nachdruck der Ausgabe Leipzig 1921, Stuttgart 1990. – NIGEL PALMER, Deutsche Perikopenhandschriften mit der Glosse. Zu den Predigten der spätmittelalterlichen deutschen Plenarien und Evangelistare, in: Vestigia Biblia 9/10: Deutsche Bibelübersetzungen des Mittelalters. Beiträge eines Kolloquiums im Deutschen Bibel-Archiv unter Mitarbeit von NIKOLAUS HENKEL hrsg. von HEIMO REINITZER, Bern/Berlin 1991, S. 273–296. – HANS-JÖRG KÜNAST, «Getruckt zu Augspurg». Buchdruck und Buchhandel in Augsburg zwischen 1468 und 1555 (= Studia Augustana 8), Tübingen 1997.

Zur Koberger-Bibel, Nürnberg 1483 (Inkunabel Nr. 244 und 245): Die Bibel. Gottes Wort im Wandel der Welt. Eine Ausstellung zum 80. Deutschen Katholikentag in Stuttgart, Stuttgart 1964, S. .19–.20. – WALTER EICHENBERGER und HENNING WENDLAND, Deutsche Bibeln vor Luther. Die Buchkunst der achtzehn deutschen Bibeln zwischen 1466 und 1522, Hamburg 1977, S. 91–96. – HEIMO REINITZER, Biblia deutsch. Luthers Bibelübersetzung und ihre Tradition (= Ausstellungskataloge der Herzog August Bibliothek Wolfenbüttel 40), Braunschweig 1983, S. 68–71.

Zum «Septembertestament» Martin Luthers, Wittenberg 1522 (A links V 1): REINITZER, Biblia deutsch (wie Ink. 244/245), bes. S. 109–143, 189–194 und 199–202. – Die Bibel und Württemberg (wie Einführung, Vitrine 7), Nr. 017, S. 37–38.

Zum Neuen Testament, Zürich 1529 (A links VIII 9): HENGGELER, Professbuch (wie Allgemeine Literatur), Nr. 634, S. 429. – HANS RUDOLF LAVATER, Die Zürcher Bibel 1524 bis heute, in: Die Bibel in der Schweiz (wie Allgemeine Literatur), S. 199–218, bes. S. 199–206.

Literatur zur VITRINE 8:

Das Wort im Raum:

Orte der Bibel im karolingischen Klosterplan

Der St. Galler Klosterplan. Faksimile, Beischriften mit Übersetzung, St. Gallen 2013. – WALTER HORN und ERNEST BORN, The Plan of St. Gall. A Study of the Architecture and Economy of, and Life in a Paradigmatic Carolingian Monastery, 3 Bde., Berkeley / Los Angeles / London 1979. – DUFT, Bibel (wie Allgemeine Literatur), S. 30–31. – KONRAD HECHT, Der St. Galler Klosterplan, Sigmaringen 1983. – JOSEF SEMMLER, Die Reform geistlicher Gemeinschaften in der ersten Hälfte des 9. Jahrhunderts und der Klosterplan von St. Gallen, in: Studien zum St. Galler Klosterplan II, hrsg. von PETER OCHSENBEIN und KARL SCHMUKI (= Mitteilungen zur Vaterländischen Geschichte 52), St. Gallen 2002, S. 87–105. – Walter Berschin, Der St. Galler Klosterplan als Lite-raturdenkmal, ebd., S. 107–150. – Barbara Schedl, Der St. Galler Klosterplan – ein materialisierter Diskurs, in: Macht des Wortes. Benediktinisches Mönchtum im Spiegel Europas, hrsg. von Gerfried Sitar und Martin Kroker, Regensburg 2009, Bd. 1: Essays, S. 134–147. – Dies., Der Klosterplan von St. Gallen. Von der Gelehrtendiskussion zur Erfindung der Architektur-zeichnung, Wien/Köln/Weimar 2013. – Internetseite des inzwischen abgeschlossenen For-schungsprojekts der University of Virginia, der University of California, Los Angeles, und der Universität Wien über den Klosterplan: www.stgallplan.org. – Internetseite des Projekts karo-lingische Klosterstadt bei Messkirch: www.karolingischeklosterstadt.com.

Literatur zu den Vitrinen 9 und 10 (Lapidarium):
Das Wort im Bild:
Illustrierte Bibeldrucke des 18. Jahrhunderts

Zum kommentierten Psalterium aus der St. Galler Klosterdruckerei: Moriz Grolig, Die Buch-druckerei des Klosters St. Gallen 1633–1800, in: Mitteilungen zur Vaterländischen Geschichte, hrsg. vom Historischen Verein des Kantons St. Gallen 39 (1934), S. 287–326. – Karl Schmuki, Die Sankt Galler Klosterdruckerei 1633–1798, in: ders. und Cornel Dora, Ein Tempel der Mu-sen. Die Klosterbibliothek von St. Gallen in der Barockzeit (Ausstellungskatalog Stiftsbibliothek 1995/96), St. Gallen 1996, S. 73–84. – Siegfried Risse, Die Psalmenerklärung des Reynerus Snoy Goudanus und ihre Übersetzung (1566) von Nikolaus Hug Landenburger, in: Archiv für Mittel-rheinische Kirchengeschichte 58 (2006), S. 299–318. – Ernst Tremp, Klöster als Bücherprodu-zenten. Die St. Galler Stiftsdruckerei in der Barockzeit (1633–1800), in: Klosterbibliotheken in der Frühen Neuzeit. Süddeutschland, Österreich, Schweiz (= Bibliothek und Wissenschaft 45), Wiesbaden 2012, S. 249–268.
Das Exemplar dieses St. Galler Klosterdrucks in der Bayerischen Staatsbibliothek in München (BSB Exeg. 1039 ub) kann vollständig auf dem Internet eingesehen werden:
http://www.mdz-nbn-resolving.de/urn/resolver.pl?urn=urn:nbn:de:bvb:12-bsb10412866-8

Zur Bilderbibel von Christoph Weigel (A links III 11): Horst Kunze, Geschichte der Buch-illustration in Deutschland. Das 16. und 17. Jahrhundert, 2 Bde., Frankfurt/Leipzig 1993, Textband S. 627. – Salvatoris Liber. Die Bibel und ihre Welt mit besonderer Berücksichtigung Nieder-bayerns. Handschriften und seltene Drucke vom 9. bis zum 18. Jahrhundert. Ausstellungskatalog Passau 1992, S. 98–99.

Zur Kupfer-Bibel *(Physica sacra)* von Johann Jakob Scheuchzer (A links I 4–7):
Aus der reichen und vielfältigen Sekundärliteratur zur Kupferbibel des Johann Jakob Scheuchzer seien hier primär einige neuere Arbeiten aufgeführt: Hans Fischer, Johann Jakob Scheuchzer, Naturforscher und Arzt 1672–1733 (= Vierteljahresschrift der Naturforschenden Gesellschaft in Zürich 117), Zürich 1972. – Urs-Peter Beerli, Medizinisches in Scheuchzers *Physica sacra* oder Kupferbibel, Diss. Zürich, Zürich 1980. – Berühmte Bilder zur Menschheitsgeschichte aus Johann Jacob Scheuchzers Physica sacra. 110 Kupfertafeln ausgewählt und erläutert von Hans Krauss, Konstanz 1984. – Robert Felfe, Naturgeschichte als kunstvolle Synthese. Physikotheologie und Bildpraxis bei Johann Jakob Scheuchzer, Berlin 2003. – Michael Kempe, Wissenschaft, Theolo-gie, Aufklärung. Johann Jakob Scheuchzer (1672–1733) und die Sintfluttheorie (= Frühneuzeit-Forschungen 10), Epfendorf 2003. – Marion Keuchen, *Physica sacra* – geheiligte Naturwissen-schaft. Bildkompositionen in der Bilderbibel Johann Jakob Scheuchzers, in: Inszenierungen der Heiligen Schrift. Jüdische und christliche Bibeltransformationen vom Mittelalter bis in die Mo-derne, hrsg. von Marion Keuchen, Stephan Müller und Annegret Thiem, München 2009, S. 41–56. – Ulrich Johannes Schneider, Zur Rhetorik des Intellektuellen im 18. Jahrhundert.

Johann Jakob Scheuchzer und seine Physica sacra, in: Kritik in der Frühen Neuzeit. Intellektuelle *avant la lettre,* hrsg. von Rainer Bayreuther u.a. (= Wolfenbütteler Forschungen 125), Wiesbaden 2011, S. 259–273. – Natura Sacra – Der Frühaufklärer Johann Jakob Scheuchzer (1672–1733), hrsg. von Urs B. Leu, Zug 2012.

Literatur zu den Vitrinen 11 und 12 (Lapidarium):
Das Wort in aller Welt:
Die Vielsprachigkeit der gedruckten Bibel

Zum Neuen Testament in zwölf Sprachen (C Mitte IV 4 und 5): Hans Arens, Art. «Elias Hutter», in: Neue Deutsche Biographie, Bd. 10, Berlin 1974, S. 103–104. – Henning Wendland, Art. «Polyglottenbibel», in: Lexikon des gesamten Buchwesens, Bd. 6, Stuttgart 1999, S. 52–53. – Karl Schmuki, Bibeltext und Bibelstudium in St.Gallen (2) (Zum Jahr der Bibel 2003), in: Ernst Tremp und Karl Schmuki, Geschichte und Hagiographie in Sanktgaller Handschriften. Katalog durch die Ausstellung in der Stiftsbibliothek St.Gallen (2. Dezember 2002 – 9. November 2003), St.Gallen 2003, S. 97–104, hier S. 102–104.

Zum Neuen Testament in syrischer Sprache (C rechts VI 2): Henggeler, Professbuch (wie Allgemeine Literatur), Nr. 150, S. 251–252. – Robert J. Wilkinson, Orientalism, Aramaic and Kabbalah in the Catholic Reformation. The First Printing of the Syriac New Testament (= Studies in the History of Christian Traditions 137), Leiden/Boston 2007. – Die Bibel und Württemberg (wie Einführung, Vitrine 7), Nr. 031, S. 49 und 214.

Zum Neuen Testament in malaiischer Sprache (A links VII 58): Der «Indianer» im Kloster St.Gallen. Georg Franz Müller (1646–1723), ein Weltreisender des 17. Jahrhunderts. Aus den Handschriften Nr. 1278 und 1311 der Stiftsbibliothek St.Gallen zusammengefasst und erzählt von Karl Schmuki, St.Gallen 2001.

Zur Bibel in der Sprache der Cree-Indianer (C Mitte VI 12): Nathaniel Burwash, The Gift to a Nation of Written Language, in: Proceedings and Transactions of the Royal Society of Canada, Series 3, Vol. 5 (Meeting of May 1911), Section 2: English History, Literature, Archaeology, etc., S. 3–21. – Verne Dusenberry, The Montana Cree. A study in religious persistence (= Acta Universitatis Stockholmiensis. Stockholm Studies in Comparative Religion 3), Stockholm 1962, S. 267–271. – John D. Nichols, The Cree Sillabary, in: The World's Writing Systems, hrsg. von Peter T. Daniels und William Bright, New York / Oxford 1996, S. 599–607. – George L. Campbell, Compendium of the World's Languages, Second Edition, Bd. 1: Abaza to Kurdish, London / New York 2000, S. 422–428. – Henry Rogers, Writing Systems. A Linguistic Approach (= Blackwell Textbooks in linguistics 18), Malden u.a. 2005, S. 249–252.

Abbildungsnachweis